STEFANO BERDINI

IL LEAN OFFICE

Il Modello della Produzione Snella

per Ottimizzare i Processi di Gestione dell'Ufficio

Titolo

"IL LEAN OFFICE"

Autore

Stefano Berdini

Editore

Bruno Editore

Sito internet

http://www.brunoeditore.it

Sommario

Introduzione

Il *lean thinking* o in italiano, il pensiero snello, è ormai diventato un termine assai comune nella gestione aziendale anche se quando lo si utilizza si è portati a riferirsi in modo particolare all'ambito della produzione. Il modello della produzione snella, in effetti, è piuttosto datato, anche se in Italia purtroppo tale approccio ha visto la sua reale applicazione solo negli ultimi anni; inoltre in molte situazioni aziendali esso è stato tradotto in una semplice applicazione di strumenti e tecniche proprie della filosofia del *lean thinking* ma senza un vero cambiamento culturale, che al contrario costituisce la vera rivoluzione di questo stile di gestione.

Perché allora ci si ritrova a parlare di *lean office* o se vogliamo di ufficio snello? Da molti anni l'approccio *lean* si è consolidato in molte realtà ma è rimasto spesso circoscritto ai processi produttivi in cui sono stati portati dei grandi miglioramenti; in realtà però molti processi produttivi dipendono oggi più di ieri da processi di natura gestionale e amministrativa. È inutile apportare significativi miglioramenti al processo logistico-produttivo se poi funzioni quali la pianificazione e la programmazione della produzione, la gestione degli approvvigionamenti, l'industrializzazione o il magazzino non si organizzano di conseguenza. In questi ambiti molte procedure, infatti, sono ancora burocratizzate e le persone che vi operano non ragionano spesso in termini di processo ma si limitano a vedere solo il proprio ambito di responsabilità. Per ridurre il tempo di risposta e migliorare il servizio al cliente diventa allora indispensabile intervenire in modo efficace anche sui processi gestionali. Senza considerare poi che negli ultimi anni ci sono state trasformazioni significative del lavoro aziendale, un tempo fortemente incentrato sulla realizzazione di prodotti oggi invece anche sull'erogazione di servizi, con un cliente/utente che è diventato sempre più esigente sul valore e sulla qualità percepita.

L'obiettivo di questo corso è fornire un metodo completo, semplice e subito applicabile nella propria realtà, frutto di anni di esperienza sul campo, per ottimizzare i propri processi utilizzando un approccio *lean*. E allora buona lettura!

CAPITOLO 1:
I principi *lean* applicati agli uffici

L'errore più comune che si rischia di commettere quando ci si avvicina allo studio e all'implementazione dei concetti *lean*, è quello di pensare che si tratti solamente dell'applicazione di una serie di tecniche o di strumenti per ottenere dei miglioramenti significativi dei propri processi. In realtà il *lean* è un modo di pensare, potrei dire una vera e propria filosofia di vita, il cui focus è sul valore aggiunto e sulla sistematica eliminazione di qualsiasi tipo di spreco nel processo.

L'attenzione viene posta sul flusso di valore del processo che lo stesso dovrebbe generare partendo dall'input che riceve fino alla produzione dell'output desiderato dal cliente. Si tratta di un approccio all'intero sistema e non su alcune parti di questo e soprattutto pone al centro della trasformazione e del miglioramento continuo le persone. Ecco allora che necessariamente le cose si complicano, perché quando di mezzo ci sono le persone allora tutto diventa più complesso, richiede più tempo e soprattutto il coinvolgimento continuo delle stesse. Esistono diversi strumenti e tecniche per implementare l'approccio *lean* e soprattutto il miglioramento continuo. È importante però ricordare che gli strumenti sono solo un **mezzo** e non un **fine**. Applicare le metodologie *lean* in modo scoordinato e senza aver impostato un processo di cambiamento contestuale, conduce a miglioramenti isolati spesso non mantenibili nel tempo e a benefici piuttosto parziali.

I principi fondamentali del pensiero snello (nato in Giappone sull'esperienza Toyota agli inizi degli anni Settanta e poi esportato in tutti gli altri paesi occidentali più industrializzati) si possono declinare principalmente in 5 punti:

- **VALUE**: ripensare il valore, in termini di produzione e servizio, dal punto di vista del cliente;
- **MAP**: mappare il reale flusso del valore per individuare e ridurre gli sprechi;
- **FLOW**: creare un flusso tra clienti e fornitori (interni ed esterni) per ridurre i tempi di attraversamento;
- **PULL**: far tirare tutte le attività aziendali (dettare il tempo) dal

cliente;

- **PERFECTION**: far tendere tutta l'organizzazione aziendale al miglioramento continuo (kaizen).

Sulla base delle considerazioni sopra esposte è giusto chiedersi perché applicare l'approccio *lean* anche alle attività di ufficio e più in generale al mondo dei servizi. In primo luogo perché c'è stato un aumento sensibile dei cambiamenti nelle aziende di servizi e della complessità dei processi gestiti al proprio interno. Questo perché principalmente sono cresciute le aspettative dei clienti; basti pensare ad esempio a noi cittadini quando ci rivolgiamo a un ufficio amministrativo pubblico oppure a quello di un'azienda sanitaria; quante volte usciamo scontenti, insoddisfatti e molto spesso arrabbiati perché riteniamo di non essere stati accontentati oppure abbiamo dovuto attendere pause interminabili o siamo stati sottoposti a lunghissime file?

A ciò va aggiunto che la pressione competitiva oggi si gioca moltissimo sulle cosiddette attività non-produttive e quindi occorre incrementare i ricavi, ridurre i costi e aumentare il livello di servizio fornito al cliente.

SEGRETO n. 1: applicare i principi *lean* agli uffici può condurre l'azienda a un miglioramento dell'efficienza globale della propria organizzazione, a livello gestionale e operativo.

Ecco dunque che diventa fondamentale eliminare gli sprechi dai processi gestionali e amministrativi, razionalizzando e aggiungendo valore a tutte le attività svolte.

I principi della *lean* production sono quindi applicabili ai servizi e negli uffici ma occorre tener conto che ci sono delle differenze fondamentali tra ambiti produttivi e non produttivi e in particolare:

- i processi gestionali sono intangibili e più flessibili e perciò più difficili da controllare;
- i servizi non possono essere immagazzinati sotto forma di scorte per utilizzi futuri.

Occorre quindi adattare gli strumenti alla propria situazione evitando di credere che le tecniche *lean* pensate e implementate nel mondo della produzione possano essere applicate senza modifiche a quelle del mondo dei servizi e degli uffici. Nella tabella di seguito riportata sono contenuti in un facile schema le differenze più evidenti tra i processi produttivi e quelli amministrativi.

Processo produttivo	Processo amministrativo
✓ Processo di materiale ✓ È basato sull'utilizzo di apparecchiature e macchinari ✓ Tempi di ciclo ben definiti ✓ Scorte visibili ✓ Ben definibili gli scarti e le rilavorazioni ✓ Lavoro standard	✓ Processo di informazioni e documenti ✓ È basato sul lavoro delle persone ✓ Tempi di ciclo variabili ✓ Scorte invisibili ✓ Rilavorazioni non facilmente registrabili ✓ Mancanza di lavoro standard

Da quanto riportato nella tabella precedente, per capire come i principi del pensiero snello possano essere applicati al lavoro amministrativo di ufficio, bisogna pensare all'**informazione** come a un **prodotto**.

SEGRETO n. 2: nel lavoro di ufficio l'elemento base su cui riferire l'analisi e l'ottimizzazione delle attività è l'informazione, che va concepita come un prodotto.

Mentre nei processi produttivi è l'**attività operativa** che trasforma un materiale in un semilavorato, in quelli amministrativi è la **transazione** che modifica e trasforma un dato in un'informazione. È per questo motivo che nell'impostare un progetto di miglioramento *lean* in un ufficio, occorre concentrare l'attenzione su come vengono generate, elaborate, trasferite e trasformate le **informazioni**.

L'obiettivo di fondo del pensiero snello applicato agli uffici non è quello di ridurre le risorse o far lavorare qualcuno più velocemente, ma far fluire il lavoro più velocemente. In particolare:

- focalizzare gli sforzi delle persone per creare valore per il cliente eliminando e riducendo gli sprechi;
- accelerare le operazioni, eliminando i tempi morti creati da pratiche inutili e burocrazia.

Questi concetti sono fondamentali perché spesso siamo portati ad associare l'efficienza alla sola velocità di esecuzione di una specifica attività ma perdiamo di vista il flusso che si snoda lungo il processo; tale situazione risulta valida solo se il lavoro lo svolgiamo da soli e siamo noi gli unici responsabili ed esecutori dell'attività, ma poiché in azienda tutte le attività risultano interconnesse l'una con l'altra generando il cosiddetto processo, l'output della prima diventa l'input di quella successiva.

Ciò significa che in un processo composto da più fasi, lo svolgimento di una influenza quello della successiva, per cui ottenere la massima efficienza in tutte le fasi potrebbe non significare ottenere lo stesso risultato su tutto il processo. Questo perché nello svolgimento della mia fase devo tener conto anche delle esigenze di chi compie quella successiva; tale concetto viene riassunto nella figura seguente:

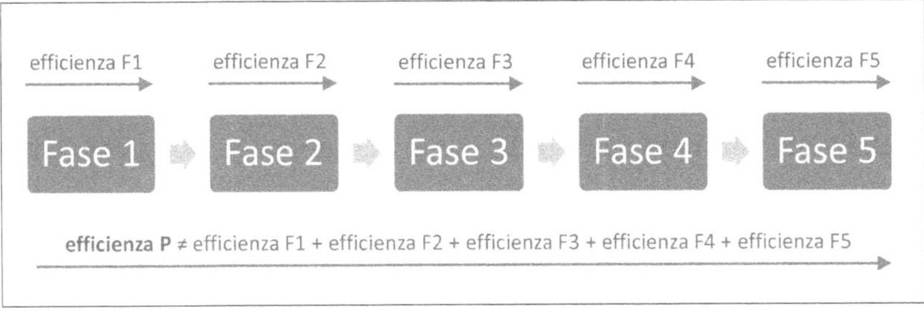

Se al contrario si guarda al flusso di tutto il processo allora il discorso cambia notevolmente perché nello svolgere la mia operazione dovrò necessariamente prendere in considerazione le esigenze di chi sta dopo di me cercando quindi di ottimizzare il mio metodo di lavoro in funzione di quello degli altri componenti del processo stesso.

Nella figura suddetta si è appunto evidenziata questa situazione: l'efficienza totale del processo non è necessariamente la somma delle efficienze delle singole fasi che lo compongono ma può essere maggiore o minore a seconda di quanto si sia riusciti a ottimizzare il processo nel suo insieme, piuttosto che ogni singola fase.

Molto spesso mi sono imbattuto in progetti di riorganizzazione, in cui è stata posta la massima attenzione al recupero di efficienza di una singola attività e dove sono stati messi a punto, anche con grandi investimenti di soldi e di tempo, dei sofisticatissimi strumenti di supporto (sistemi informatici) che implementassero al meglio le procedure operative, senza però chiedersi molto banalmente se quelle attività erano necessarie. Sembra impossibile da credere ma è assai comune per gli uffici spendere un sacco di soldi per rendere più efficienti e automatizzati dei processi sbagliati piuttosto che migliorare e snellire le attività, addirittura eliminandone alcune; tutto ciò in estrema sintesi significa migliorare il servizio al cliente. Lavorando all'eliminazione degli sprechi che non aggiungono valore alle attività, noi siamo in grado di fornire esattamente ciò che il cliente vuole, quando lo vuole e nel modo in cui lo vuole.

SEGRETO n. 3: non va ricercata solo la massima velocità o efficienza della singola fase e attività, quanto l'efficienza del flusso di valore lungo tutto il processo.

I principi in dettaglio

Prima di procedere con la definizione degli sprechi ritengo sia opportuno focalizzare l'attenzione sui 5 principi *lean* enunciati in precedenza, provando a collegarli strettamente all'attività di ufficio.

Valore

Quando si parla di valore spesso si rischia di dare definizioni generiche e anche poco misurabili in termini concreti; in realtà il valore è qualcosa di più tangibile di quanto possiamo pensare.

L'espressione che a mio parere rende di più l'idea di valore è quella che ho avuto modo di proporre e presentare anche in un mio precedente corso dal titolo *Rinnovamento aziendale*, che riporto per maggior chiarezza:

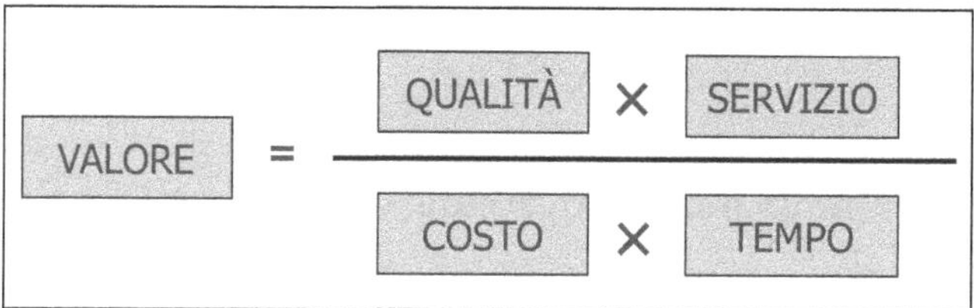

Questa espressione è sicuramente molto efficace poiché le 4 variabili sono legate effettivamente da operatori matematici, per cui per aumentare il valore o facciamo crescere ciò che si trova al numeratore dell'espressione (servizio e qualità) o riduciamo ciò che si trova sotto (costo e tempo). Nella realtà è molto probabile che le grandezze varino contemporaneamente ma occorre fare molta attenzione perché spesso si muovono in modo inversamente proporzionale.

Provo a spiegarmi con un esempio tratto dalla realtà. In un'azienda in cui stavo svolgendo un intervento di razionalizzazione in ottica *lean*, nell'ambito del processo di processione dell'ordine, uno degli agenti addetti alla vendita mi disse: «È chiaro che se volete che trasferisca l'ordine completo, corretto di tutte le informazioni, anche di quelle che potete rilevare tranquillamente voi dell'ufficio, a me serve più tempo!»

In pratica per aumentare la **qualità** delle informazioni sarebbe stato necessario aumentare il **tempo** di elaborazione e questo non aggiungeva assolutamente valore. Non voglio in questa sede discutere quante sono le obiezioni da fare a quell'agente ma il concetto che volevo esprimere penso possa essere sufficientemente chiaro.

Catena del valore

In questo caso si tratta di identificare il flusso di valore che fluisce verso il cliente come un fiume che si arricchisce di attività che aggiungono valore, classificabili in tre categorie:

- **attività che creano e aggiungono valore**: tutte quelle attività che si trasformano in caratteristiche del prodotto o del servizio di cui il cliente apprezza il beneficio e per cui è disposto a pagare, se il prodotto o il servizio è posto sul mercato. La strategia, in questi casi, è perfezionare tali attività con il miglioramento;

- **attività che non creano valore ma sono necessarie**: tutte quelle attività che non sono eliminabili con gli attuali sistemi di sviluppo del prodotto, di gestione degli ordini e della produzione o a causa di alcune norme. La strategia più opportuna è mettere in discussione il fatto che tali attività siano proprio necessarie e semplificare i processi per poi eliminarle;
- **attività che non creano valore e non necessarie**: la strategia è eliminarle subito.

Flusso

Si tratta di far scorrere il flusso, cioè eliminare ogni ostacolo o interruzione al flusso di valore, ad esempio le scorte intermedie o le code d'attesa. Concentrarsi sul flusso significa in primo luogo fare in modo che le operazioni di ufficio siano concatenate in maniera perfetta una dopo l'altra, evitando ad esempio, come spesso capita, attese per firme o benestare, controlli eccessivi, ritorni per verifiche ulteriori e molto altro.

Pull

Il flusso deve essere "richiamato" dal cliente, l'azienda deve essere capace di progettare, programmare, produrre e consegnare solo quello che il cliente vuole nel momento in cui lo vuole. Anche questo concetto nell'ambito degli uffici può essere facilmente esemplificato. Basti pensare a quante volte si compiono operazioni o attività in tempi assolutamente incompatibili con l'ufficio o il reparto successivo rischiando o di accumulare lavoro in eccesso o rallentarne il flusso.

Perfezione

Si intende non accontentarsi dei risultati ottenuti dalla razionalizzazione dei flussi, ma ricercare il miglioramento continuo passando a occuparsi di aspetti trascurati e dei dettagli che ancora possono essere perfezionati. L'attività di miglioramento assume un profilo quasi "maniacale" in un senso però positivo del termine, ossia una sistematica caccia agli sprechi e una sempre più attenta e costante osservazione di quanto si sta svolgendo e di come lo si sta facendo. In questo ambito il ruolo delle persone a più stretto contatto con il processo è di fondamentale importanza; potrei a questo proposito riportare innumerevoli esempi di quanti miglioramenti siano stati suggeriti e promossi proprio dalle persone che, opportunamente coinvolte, erano in prima fila nello svolgimento delle attività operative proprie del processo sotto esame.

SEGRETO n. 4: l'obiettivo è quello di eliminare le attività non a valore aggiunto e non necessarie e minimizzare dove possibile quelle non a valore aggiunto ma necessarie.

Le attività non a valore aggiunto sono i cosiddetti "sprechi" e vanno eliminati per quanto possibile; nella teoria della *lean production* vengono identificati 7 tipi di spreco riassunti di seguito:

- **sovrapproduzione**: produrre più di quanto richiesto dal cliente;
- **eccesso di scorte**: immagazzinare e accumulare più materiale di quanto effettivamente necessario alla produzione;
- **trasporti**: movimentazioni inutili e non necessarie;
- **prodotti difettosi**: scarsa qualità, scarti e rilavorazioni;
- **perdite nel processo**: presenza di attività o di operazioni inutili nel ciclo di trasformazione;

- **movimentazioni**: perdite di tempo legate a movimenti del personale non ottimizzate o presenza di layout irrazionali;
- **attese**: tempi morti o di fermo macchine per attrezzaggi, cambi di produzione o manutenzioni.

L'approccio *lean* si concentra quindi sulla sistematica eliminazione di questi sprechi, focalizzando l'attenzione sul flusso e sulle attività che aggiungono valore al processo.

Gli sprechi (muda) negli uffici possono essere identificati e classificati con le stesse modalità utilizzate in fabbrica. Identificare e minimizzare questi sprechi può generare un considerevole risparmio nell'area degli uffici. I principi *lean* e le metodologie di miglioramento continuo (kaizen) possono essere applicate negli uffici per migliorare il flusso di informazioni e documenti e per ridurre il tempo di attraversamento (*lead time*) e raggiungere l'eccellenza.

Le forme di spreco nell'ambito del lean office diventano addirittura 8, se ne aggiunge infatti una per la situazione specifica. Di seguito provo a descriverle cercando di fare anche degli esempi concreti per comprenderne al meglio il contenuto.

Sovrapproduzione

Per sovrapproduzione si intende produrre o fare di più, prima o più velocemente di quanto richiesto dal processo successivo (cliente interno o esterno). Esempi tipici sono:

- stampare documenti prima che ce ne sia realmente bisogno;
- creare report che nessuno leggerà o non necessari;
- elaborare documenti prima che la persona che li ha richiesti sia pronta a utilizzarli;
- analizzare molte pratiche simultaneamente invece di focalizzare il lavoro su una specifica.

Scorte inutili

Le scorte inutili si riferiscono a qualsiasi forma di accumulo di materiali, informazioni, documenti ecc. Esempi tipici sono:

- documenti in attesa di approvazione;
- pile di raccoglitori sulle scrivanie;
- forniture eccessive di cancelleria per l'ufficio;
- caselle di posta stracolme e male organizzate.

Attese

Ci si riferisce alle inattività o perdite di tempo che si creano quando il materiale, le informazioni, le persone o gli strumenti non sono pronti. Esempi tipici sono:

- attesa per approvazione o benestare;
- attesa di informazioni dal cliente;
- tempi di risposta o di fermo del sistema;
- attesa che tutti i partecipanti di una riunione arrivino;
- attesa di riscontro e di feedback;
- attesa di istruzioni;
- ritardo nel ricevimento di informazioni.

Processi inutili

Si tratta di tutte le attività che non aggiungono valore al prodotto/servizio nei confronti del cliente. Esempi tipici sono:

- attività di controllo ridondanti;
- approvazioni multiple;
- data entry ripetuti;
- copie extra;
- stampa delle e-mail;
- invio di più e-mail sullo stesso argomento;

- resoconti eccessivi o non necessari;
- ripetizioni della stessa informazione su diversi moduli.

Difetti

Così come per i prodotti si tratta del controllo e della successiva correzione di qualsiasi forma di difetto, generalmente informazioni non corrette o incomplete. Esempi tipici sono:

- errori nell'inserimento dei dati;
- errori nei prezzi, nei disegni;
- rielaborazioni dovute a errori;
- perdita di file;
- informazioni incomplete o incorrette nei documenti o nei report;
- errori dovuti alla rotazione dei dipendenti.

Spostamenti inutili

In questo caso ci si riferisce in particolare agli spostamenti di persone, in pratica ogni movimento che non aggiunge valore al prodotto o servizio dal punto di vista del cliente. Esempi tipici sono:

- spostamenti verso stampanti/fax posizionati a distanze

eccessive;

- spostamenti in altri uffici per chiarimenti o per ricercare informazioni;
- spostamenti per prendere moduli non a «portata di mano»;
- ricerca di oggetti che non hanno un'ubicazione definita;
- ricerca di documentazione archiviata in più posti.

Trasporti

In questo caso invece ci si riferisce al trasporto di moduli, di documenti, in generale allo spostamento di informazioni che non aggiungono valore al prodotto o al servizio dal punto di vista del cliente. Esempi tipici sono:

- allegati eccessivi nelle e-mail;
- approvazioni multiple;
- passaggi di consegne multipli;
- e-mail inviate a persone non interessate;
- documenti cartacei spostati da una scrivania all'altra;
- risme di fogli conservate lontano dalla fotocopiatrice.

Come detto, nell'ambito degli uffici viene aggiunto un ottavo spreco tra l'altro non meno grave degli altri; è uno spreco che riguarda le persone e in modo particolare il loro potenziale.

Persone sottoutilizzate

Si tratta in pratica delle abilità delle persone usate in maniera non efficiente e in modo non appropriato, in riferimento alle capacità e non al tempo. Esempi tipici sono:

- assenza di delega;
- carichi di lavoro non bilanciati adeguatamente per mancanza di competenze distribuite;
- responsabilità e potere limitati per compiti operativi e mansioni elementari;
- eccessivo potere e controllo sugli impiegati;
- supporti informativi e strumenti inadeguati o non disponibili.

SEGRETO n. 5: una delle forme peggiori di spreco negli uffici è legata al sottoutilizzo che si fa delle persone non ritenendole spesso capaci di svolgere compiti più complessi o di assumere maggiori responsabilità.

Appare evidente che quest'ultima tipologia di spreco è fortemente connessa alla struttura organizzativa di cui l'azienda dispone e di come sono stati distribuiti i vari ruoli e responsabilità. Le forme organizzative per processo, rispetto a quelle per funzione, facilitano fortemente l'assunzione di maggiori responsabilità e la distribuzione delle deleghe giacché si privilegiano visioni orizzontali piuttosto che verticali. Nelle attività di ufficio questi aspetti sono ancora più importanti che nelle aree operative.

RIEPILOGO DEL CAPITOLO 1:

- SEGRETO n. 1: Applicare i principi *lean* agli uffici può condurre l'azienda a un miglioramento dell'efficienza globale della propria organizzazione, a livello gestionale e operativo.
- SEGRETO n. 2: Nel lavoro di ufficio l'elemento base su cui riferire l'analisi e l'ottimizzazione delle attività è l'informazione che va concepita come un prodotto.
- SEGRETO n. 3: Non va ricercata solo la massima velocità o efficienza della singola fase e attività, quanto l'efficienza del flusso di valore lungo tutto il processo.
- SEGRETO n. 4: L'obiettivo è quello di eliminare le attività non a valore aggiunto e non necessarie e minimizzare dove possibile quelle non a valore aggiunto ma necessarie.
- SEGRETO n. 5: Una delle forme peggiori di spreco negli uffici è legata al sottoutilizzo che si fa delle persone non ritenendole spesso capaci di svolgere compiti più complessi o di assumere maggiori responsabilità.

CAPITOLO 2:
Come impostare il progetto *lean office*

Ho già detto e scritto più volte che il successo di qualsiasi progetto aziendale passa attraverso la perfetta organizzazione di tutte le attività da svolgere. Un progetto *lean* richiede in maniera ancora più determinante questo requisito e ciò perché la chiave del successo si nasconde proprio nel ripensamento culturale e nella gestione del cambiamento, e tutto per garantire al progetto stesso una durata negli anni.

Nelle attività di ufficio inoltre, a differenza di quelle di fabbrica, le persone manifestano resistenze al cambiamento spesso più forti, di solito perché il modo di operare è strettamente connesso al metodo che ogni impiegato ha messo a punto nel corso degli anni, e quindi non si mettono nella condizione di comprendere per quale motivo ci sia bisogno di cambiare. È altresì vero che il cambiamento deve presupporre sempre un miglioramento e non solo del processo in sé ma anche del modo di operare della persona, che deve chiaramente trovare giovamento dall'eventuale applicazione del nuovo metodo.

Per far fronte a tutte queste situazioni è necessario quindi utilizzare un tipico approccio di gestione del progetto (*project management*) per cui vi rimando alla letteratura specifica per approfondimenti, in questo ambito a me interessa fornirvi gli elementi fondamentali su cui costruire e strutturare il progetto di implementazione del *lean office* nel vostro ufficio.

SEGRETO n. 6: il successo per un efficace intervento di lean office dipende moltissimo da come è stato impostato il progetto di analisi e miglioramento.

Partiamo quindi con l'enunciazione di alcuni principi di fondo:

- definire nel modo più chiaro ed esplicito gli obiettivi del progetto tenendo conto di una visione di processo e non di miglioramenti localizzati o circoscritti solo ad alcune attività, fare in modo che questi siano discussi e condivisi con tutte le persone coinvolte;
- assicurarsi che ci sia il massimo coinvolgimento fin da subito

di tutti gli addetti che in qualche modo intervengono nel processo ovviamente partendo dai responsabili e da chi ha in mano il potere per garantire che faccia da sponsor per tutta la durata del progetto;

- formare le persone non solo sui metodi e sulle tecniche dell'approccio *lean* ma anche e soprattutto sulla cultura del pensiero snello per farne comprendere la portata e le enormi ricadute positive ottenibili dalla sua corretta applicazione;
- identificare gli strumenti più idonei per l'applicazione dei metodi di ripensamento e di reingegnerizzazione tenendo conto anche degli inevitabili risvolti organizzativi che l'implementazione del sistema presuppone;
- stabilire in maniera dettagliata tutti i passi da compiere definendo nello specifico il percorso per il raggiungimento degli obiettivi, le responsabilità e le tempistiche;
- impostare un sistema per il monitoraggio e la misurazione sistematica delle prestazioni del processo riprogettato in modo che tutti percepiscano l'oggettivo miglioramento ottenuto;
- strutturare un efficace sistema di comunicazione a tutti i livelli della struttura in modo che i responsabili e gli addetti siano sempre informati dei risultati raggiunti.

A questo punto il piano di progetto può essere costruito sulla base di quelli che sono i principi *lean* esposti nel capitolo precedente:

- **valore**: occorre innanzitutto determinare e definire che cosa è davvero valore per il cliente;
- **mappatura del flusso di valore**: occorre disegnare, mediante mappatura, il flusso di valore mettendo nella sequenza corretta tutte le attività che generano valore e al tempo stesso evidenziare per poter ridurre ed eliminare quelle che invece non ne aggiungono (sprechi);
- **flusso**: progettare il nuovo processo cercando di far scorrere le attività a valore secondo un flusso lineare, libero da interruzioni;
- **pull**: adeguare il flusso alle richieste del cliente facendo in modo che questi ne detti il ritmo e lo "tiri" evitando sovrapproduzioni;
- **perfection**: migliorare continuamente il processo così ridisegnato in modo che le attività fluiscano in modo sempre più efficiente.

La strategia di progetto

Prima di addentrarmi nelle fasi dell'organizzazione del progetto, vorrei spendere qualche parola sull'importanza della pianificazione strategica. Ci si chiede, infatti, molto spesso se nell'implementare un progetto *lean*, e nello specifico di lean office, sia più opportuno partire con una logica bottom-up (dal basso in alto) piuttosto che top-down (dall'alto in basso). La mia opinione in merito è molto chiara: qualsiasi progetto deve necessariamente partire dalla visione più strategica possibile altrimenti il rischio è quello di ottenere limitati e contenuti miglioramenti che non vanno però a trasformare l'azienda nel profondo. Il primo passo quindi è sempre quello di chiedersi qual è la mission in una prospettiva *lean* della propria azienda con domande del tipo:

- Chi sono i nostri clienti?
- Quali sono i loro reali bisogni?
- Cosa rappresenta valore per i nostri clienti?
- Come misuriamo la soddisfazione dei nostri clienti?

Per arrivare poi a un livello di dettaglio più operativo e utile per giungere alla definizione degli obiettivi di miglioramento aziendali:

- Quali sono i processi che impattano maggiormente sul valore?

- Cosa dobbiamo migliorare dei nostri processi?
- Come possiamo misurare le prestazioni di questi processi?

In questo modo siamo in grado di dirigere il progetto *lean* verso obiettivi a più lungo termine che avranno quindi delle inevitabili ricadute positive sulla strategia aziendale.

SEGRETO n. 7: il progetto di lean office deve essere impostato sulla chiara definizione di obiettivi che abbiano ricadute strategiche e non solo operative per l'azienda.

I concetti base della mappatura del flusso di valore

Lo scopo della mappatura del flusso di valore è aiutare il gruppo di riprogettazione non solo ad avere una visione più chiara di come l'organizzazione si muova attualmente, ma anche e soprattutto di come dovrà muoversi nel futuro al fine di ottimizzare i costi, il servizio e la qualità dei suoi prodotti e dei suoi servizi. La mappa del flusso di valore quindi rappresenta il primo e fondamentale strumento del *lean management* per condurre e focalizzare la trasformazione nella direzione della generazione di valore lungo la catena del flusso.

Volendo delineare con chiarezza lo schema del procedimento, ho scelto di proporre la figura derivata dal testo *Learning to see* che può essere considerato indubbiamente il libro di riferimento per l'approccio al *value stream mapping*. Lo schema è quello riportato nella figura seguente:

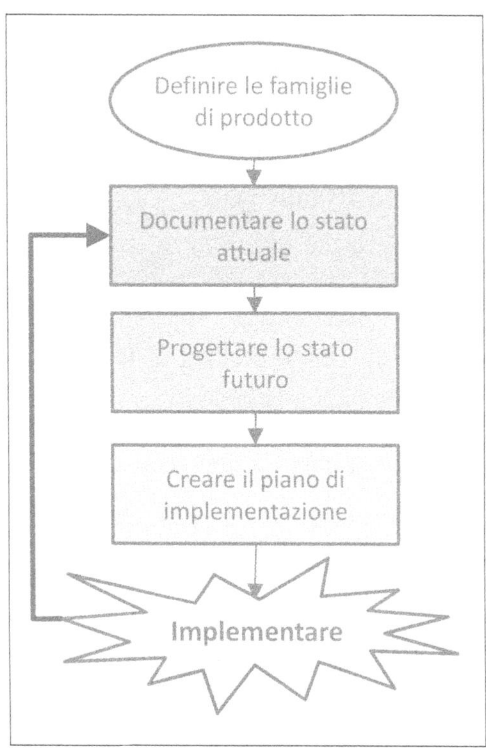

Definire le famiglie di servizio/prodotto

La prima fase prevede l'identificazione della famiglia di servizi su cui intervenire. La famiglia di servizi (in ambito *operation* si chiama "famiglia tecnologica") è un insieme di processi che passano per le stesse fasi di attività, o che hanno almeno il 70-80% delle fasi in comune. Di solito per identificare tali famiglie si costruisce una matrice in cui si incrociano processi e fasi al fine di mappare le fasi in comune.

Documentare lo stato attuale

La mappatura dello stato corrente è il primo passo per la riprogettazione e il miglioramento: rappresenta, infatti, come l'organizzazione sta operando e come il lavoro si sta svolgendo, in sostanza è il sistema iniziale cui fare riferimento. La costruzione della mappa da sola non risolve il problema ma aiuta a raccogliere informazioni su un processo in modo rapido e immediatamente visibile così da focalizzare fin da subito i problemi legati al flusso di valore dell'azienda.

Progettare lo stato futuro

La mappatura dello stato futuro si focalizza sul flusso di valore del nuovo processo e di come esso dovrà essere riprogettato. Di solito questa fase inizia già con la mappatura dello stato attuale; molte idee e suggerimenti per il miglioramento, infatti, nascono proprio all'interno del gruppo di lavoro mentre si sta descrivendo lo stato attuale ed ecco perché si è portati a raccogliere un maggior numero di informazioni che saranno utili per la riprogettazione e la sistematica eliminazione di tutti gli sprechi. Il disegno dello stato futuro dovrebbe essere definito in pochi giorni e prevedere dei tempi di realizzazione non eccessivamente lunghi al fine di evitare di imbarcarsi in progetti senza fine.

Creare il piano di implementazione: implementare

Sono le fasi finali e più importanti per il gruppo di lavoro per sviluppare un piano operativo dettagliato da implementare, che dovrebbe comprendere e descrivere in modo preciso tutte le attività del progetto necessarie per realizzare lo stato futuro e che rappresenta sicuramente il fattore critico di successo di tutto l'approccio *value stream management*. Purtroppo va detto che in molti progetti si rischia di fermarsi prima di questa fase o peggio di dare per scontato che una volta deciso cosa si debba fare qualcuno lo faccia. In realtà, preparare un piano di lavoro significa, secondo il classico approccio per la gestione dei progetti, definire con chiarezza cosa va fatto, chi lo farà, in che tempi e con quali strumenti. Questa fase è la più importante anche perché proprio qui si concentra il concetto di *kaizen*, caposaldo dell'approccio *lean*, ossia il miglioramento continuo che non può realizzarsi se non attraverso l'implementazione di quanto definito, la sua eventuale correzione e quindi l'attivazione di un nuovo miglioramento che dà inizio a un nuovo ciclo di *value stream mapping*.

Questo ultimo aspetto spiega, nella figura sopra riportata, la freccia che dall'implementazione torna alla fase del documentare lo stato attuale; non si tratta di un ritorno vero e proprio ma dell'attivazione di un nuovo ciclo di miglioramento, proprio secondo la filosofia del Kai-Zen che letteralmente significa *via al rinnovamento*.

La struttura organizzativa di progetto

Uno degli elementi fondamentali della buona riuscita di un progetto è la composizione della sua struttura organizzativa. Nell'ambito del *lean office* questo è ancora più importante perché fondamentale, come più volte ricordato, è il ruolo delle persone. Anche l'organizzazione di un progetto *lean* deve essere però snella, nel senso che si deve assolutamente evitare di costituire gruppi troppo numerosi e soprattutto in cui non siano chiari i ruoli e le responsabilità di ciascuno. Questo perché, se esistono eccessive gerarchie e burocrazie, il processo decisionale può rallentarsi e soprattutto si rischia di perdere di vista gli obiettivi di miglioramento opportunamente fissati nella prima fase.

SEGRETO n. 8: l'organizzazione di un progetto *lean office* deve essere snella e flessibile anch'essa per consentire la presa rapida di decisioni e soprattutto per rendere veloci le implementazioni.

Un buon gruppo potrebbe quindi risultare composto da un capo progetto, che deve possedere il più possibile una visione di processo; non è necessario che abbia competenze specifiche nell'ambito del processo su cui si sta intervenendo ma è necessario altresì che riesca a riconoscere e far riconoscere il flusso di valore così come dovrebbe scorrere lungo i vari reparti e uffici. In molte situazioni mi sono trovato molto bene a operare con il responsabile del sistema qualità o con quello dei sistemi informativi; in un'azienda ad esempio si è dimostrato molto capace e motivato un controller. Quindi le soluzioni possono essere diverse: l'importante, e lo sottolineo ancora, è che si abbia una visione di processo.

Questa persona viene formalmente definita il *value stream manager* proprio perché dovrebbe condurre il gruppo di lavoro nell'attività di analisi sullo stato attuale del processo e sulla progettazione di quello futuro. È necessario quindi che questa persona sia riconosciuta e rispettata dall'organizzazione, e possegga buone capacità di facilitazione e motivazione. È altresì importante che non si selezioni solo un manager qualificato ma che si crei un contesto di lavoro all'interno del quale la persona scelta riesca ad esprimersi al meglio. Va anche detto che in alcuni casi il manager potrebbe trovarsi a operare con addetti che di fatto rispondono dal punto di vista gerarchico a un altro manager funzionale; al fine di evitare conflitti di interesse è pertanto indispensabile che la struttura organizzativa sia del tipo a matrice, classica configurazione di una gestione di progetto; in questo modo sarà il *value stream manager* che concorderà con il responsabile funzionale l'impegno e il carico di lavoro per le persone coinvolte e ne pianificherà le attività affinché non ci si trovi mai nelle situazioni in cui il dipendente non sappia più a chi rispondere. Del resto nei lavori a progetto questa è una prassi ben consolidata che funziona ottimamente a patto che i responsabili spendano tutto il tempo necessario alla pianificazione delle attività, alla verifica dei carichi di lavoro e ovviamente alla comunicazione e al trasferimento delle varie informazioni.

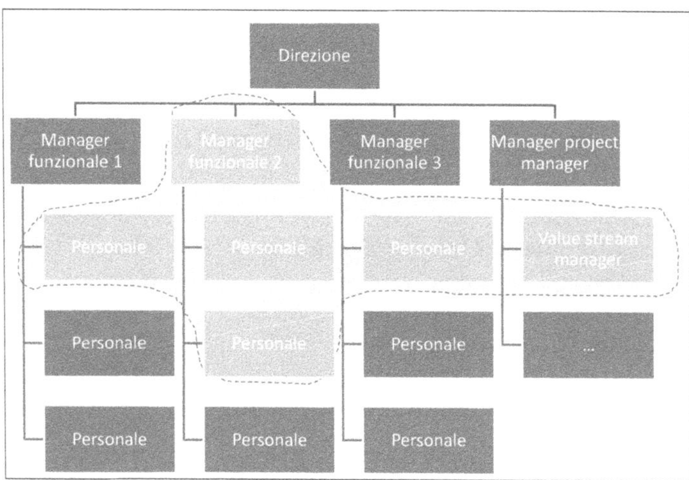

Esempio di gruppo di lavoro inter-funzionale

Il resto del gruppo risulterà poi composto dagli addetti di ciascun ufficio, in cui sarà possibile coinvolgere direttamente il responsabile e quindi costituire dei mini gruppi operativi a seconda delle dimensioni dell'azienda, che abbiano però una composizione inter-funzionale. È inimmaginabile, infatti, quanto sia importante che l'analisi dello stato attuale del processo e la riprogettazione di quello futuro siano condotti da persone che sono coinvolte direttamente nel processo ma anche da quelle che invece non lo sono e che magari hanno il ruolo di fornitori o di clienti di quel processo. Questo tipo di lavoro facilita enormemente il contributo alla soluzione dei problemi e l'apporto concreto di miglioramenti.

SEGRETO n. 9: il successo del progetto *lean office* dipende moltissimo dalla composizione del gruppo di lavoro che deve avere competenze inter-funzionali in modo che si guardi al flusso e non alla singola attività.

La formazione sulla cultura *lean*

Un altro passaggio fondamentale dell'approccio *lean* è quello della formazione alla cultura *lean* delle risorse coinvolte. Come abbiamo detto l'approccio è soprattutto di tipo culturale per cui è assolutamente necessario che le persone inizialmente coinvolte conoscano i principi del pensiero snello. Poiché le persone coinvolte sono spesso responsabili o addetti alle operazioni di ufficio, questa attività può risultare semplice per quelli che sono gli aspetti teorici, perché rivolti a persone che hanno una certa dimestichezza con la formazione d'aula, ma si può rilevare piuttosto difficile per quelli che sono invece gli aspetti più pratici. Gli approcci a questo tipo di problema possono essere diversi: una possibilità potrebbe essere quella di realizzare visite guidate presso aziende che hanno già adottato metodologie e tecniche *lean* oppure facendo intervenire formatori e consulenti davvero esperti in questo ambito; queste attività hanno una loro efficacia ma possono essere sicuramente costose e richiedere tempi elevati per essere organizzate e realizzate.

Per rendere ancora più efficace l'intervento formativo, in alcuni progetti ho condotto i componenti del gruppo a fare una visita approfondita dei reparti produttivi perché spesso le attività operative rendono maggiormente l'idea di come si possano evidenziare ed eliminare gli sprechi. In altri casi cerco di utilizzare al massimo delle sessioni o riunioni con addetti di altre aree per far capire bene chi è il cliente interno e quali siano le sue reali esigenze. Posso assicurarvi che questo metodo è estremamente efficace soprattutto per favorire quella visione di processo di cui ho parlato in precedenza.

La misurazione delle prestazioni (metriche del flusso)

È più volte stato detto e scritto che "non si può migliorare ciò che non si conosce e non si misura". La mappatura del flusso di valore dello stato attuale ci ha consentito di conoscere il processo e di capire cosa occorre cambiare per eliminare gli sprechi e avere delle opportunità di miglioramento. Ora si tratta di definire anche una serie di indicatori che possano permetterci di misurare in maniera oggettiva questi miglioramenti. Nel prossimo capitolo verranno introdotte le variabili tipiche dell'approccio *lean* che consentono di misurare il processo (*process time*, *lead time* ecc.).

In questa sede è importante capire come impostare il sistema di misurazione; può essere utile allo scopo la seguente lista di controllo:

- che cosa misurare;
- come misurare;
- chi è il responsabile del sistema di misura;

- con quale frequenza misurare;
- a chi sottoporre il report della misura.

A prima vista possono sembrare aspetti scontati ma in realtà mi sono imbattuto in più di una circostanza, in aziende in cui erano stati messi a punto sofisticatissimi sistemi di misurazione, ricchi di indici e di numeri che però nessuno guardava e dai quali, cosa assai peggiore, nessuno elaborava mai delle possibili azioni correttive o assumeva decisioni di intervento.

Poiché il sistema di misura deve fornire indicazioni sul raggiungimento degli obiettivi che sono stati fissati nella fase di definizione del progetto, il mio consiglio è di riprendere proprio quegli obiettivi e cercare di tradurli in misure oggettive. Se ad esempio ci si era posti l'obiettivo di ridurre il tempo di lancio della produzione allora sarà necessario misurarlo e verificarne l'effettivo miglioramento, se invece l'obiettivo era rendere più veloce e affidabile il processo di gestione dei dati tecnici per agevolare il flusso di informazioni dall'ufficio tecnico alle vendite e quindi alla produzione, allora si potrebbero introdurre degli indici che misurino l'affidabilità delle distinte base o in generale dei dati tecnici di prodotto, quantificati ad esempio come numero di modifiche, aggiunte o correzioni.

SEGRETO n. 10: l'introduzione di un buon sistema di indicatori di prestazione oltre a fornire un sistematico monitoraggio dei processi consente all'organizzazione di guardare l'azienda secondo nuove prospettive.

Se poi c'è la necessità di rendere il sistema di misurazione un po' più articolato, gli indicatori potrebbero essere divisi per centro di responsabilità e al proprio interno per funzione aziendale. Ad esempio a livello più alto, direzionale, si possono individuare indicatori più di sintesi che riassumano la situazione aziendale generale (fatturato, tempo di risposta aziendale, *time to market*, rotazione magazzino, soddisfazione del cliente ecc.). A un livello immediatamente più basso, gestionale, si potrebbero invece identificare delle misure di processo (*lead time*, WIP, OEE, tempi morti ecc.). Infine a livello operativo potrebbero essere utili degli indicatori che forniscano il livello di prestazione del singolo reparto o ufficio (numero di pratiche elaborate al giorno, numero di pratiche senza errori, tempi di caricamento ed elaborazione ecc.).

A questo punto ciascun responsabile potrà disporre dell'indice di prestazione più idoneo e appropriato per comprendere a fondo il processo assegnatogli e valutare delle ipotesi di intervento per il suo miglioramento.

Infine va precisato che la cultura *lean* si fonda sull'approccio del giorno dopo giorno e quindi anche il sistema di misurazione deve produrre quotidianamente dati che devono essere visionati ed elaborati dai vari responsabili; è per questo motivo che si devono privilegiare dei report sintetici, di facile e comprensibile lettura in modo che tali informazioni siano di immediata fruibilità per le persone coinvolte.

RIEPILOGO DEL CAPITOLO 2:

- SEGRETO n. 6: Il successo per un efficace intervento di *lean office* dipende moltissimo da come è stato impostato il progetto di analisi e miglioramento.
- SEGRETO n. 7: Il progetto di *lean office* deve essere impostato sulla chiara definizione di obiettivi che abbiano ricadute strategiche e non solo operative per l'azienda.
- SEGRETO n. 8: L'organizzazione di un progetto *lean office* deve essere snella e flessibile anch'essa per consentire la presa rapida di decisioni e soprattutto per rendere veloci le implementazioni.
- SEGRETO n. 9: Il successo del progetto *lean office* dipende moltissimo dalla composizione del gruppo di lavoro che deve avere competenze inter-funzionali in modo che si guardi al flusso e non alla singola attività.
- SEGRETO n. 10: L'introduzione di un buon sistema di indicatori di prestazione oltre a fornire un sistematico monitoraggio dei processi consente all'organizzazione di guardare l'azienda secondo nuove prospettive.

CAPITOLO 3:
Come disegnare lo stato attuale

Qualsiasi progetto di miglioramento non può che partire da una corretta e approfondita analisi della situazione attuale. Si tratta quindi di realizzare il primo passo dello schema visto in precedenza utilizzando lo strumento della *Value Stream Mapping* ossia la mappatura del flusso di valore. Ma come può essere definito il flusso di valore?

«Il flusso di valore è l'insieme di tutti i processi, comprendenti le attività a valore aggiunto e non, necessari per sviluppare un prodotto o un servizio dall'inizio alla fine».

Sulla base di questa definizione appare molto chiaro quanto sia importante guardare al processo piuttosto che alla singola attività; questo perché gli sprechi e le inefficienze si annidano proprio nei vari trasferimenti e passaggi di informazioni tra un ente e l'altro, soprattutto in ufficio. A proposito di ciò voglio riportarti un'esperienza che mi ha coinvolto direttamente da utente, nella quale ho potuto riscontrare in modo diretto le inefficienze del flusso di valore.

Vado per fare un bonifico in banca. Arrivo all'orario di apertura, ossia alle 8.20 per fare in modo di arrivare in tempo al lavoro alle 9.00. Alle 8.23 finalmente la porta elettronica si apre. Entro, mi avvicino allo sportello ma non c'è ancora nessuno. Passano 3 minuti, arriva l'impiegata allo sportello mi dice che posso accomodarmi ma devo aspettare che il computer si accenda. Io aspetto. Passano almeno 4 minuti. Appena il computer è pronto mi chiede cosa devo fare. «Un bonifico» rispondo. Allora mi porge un modulo e mi chiede di compilarlo così lei nel frattempo verifica altre cose. Io inserisco tutti i dati. Faccio un po' di fatica con il codice IBAN anche perché nel modulo non c'è una sezione a caselle numerate per verificare se il numero di caratteri inseriti sia corretto. Passano almeno altri 4 minuti e la signorina non è ancora tornata. A questo punto richiamo l'attenzione dell'impiegata per farle capire che sono pronto. «Arrivo» mi risponde. Prende il foglio e provvede a ricaricare tutti i dati che vi ho riportato sopra. Faccio presente all'impiegata che il bonifico va fatto a un soggetto beneficiario cui ho già versato in precedenza e quindi basterebbe richiamarlo in anagrafica ma lei mi risponde che tanto deve comunque ricaricarlo di nuovo perché il programma non glielo consente. Passano altri 2 minuti. Poi mi dice che il codice IBAN è incompleto. Me lo immaginavo. Lo ricontrolliamo insieme e scopriamo che manca una cifra, ho scritto uno «0» in meno visto che ce ne erano almeno nove di seguito. A questo punto il bonifico è finalmente fatto ma sono passati altri 3 minuti. La signorina mi porge una ricevuta e mi chiede di firmare l'altra. Le dico che nel foglio non c'è riportato il saldo. «Me lo doveva chiedere prima» mi risponde, «se vuole glielo stampo» aggiunge; «va bene» le dico. «Mi ripete il suo conto per favore?». Rispondo e finalmente esce la stampa dettagliata. Nel frattempo sono passati altri 3 minuti. Saluto, ringrazio e me ne vado. Guardo l'orologio e sono già le 8.45 dovrei farcela.

Si tratta di una storia apparentemente banale ma quanti sono gli spunti di riflessione in ottica *lean* che potremmo fare. Proviamo a guardare il flusso nell'ottica del servizio al cliente, ossia me, che vado in banca per un bonifico ed evidenziamo tutti gli sprechi e le criticità:

- la banca non apre all'orario prestabilito;
- l'impiegata non è ancora pronta a servire il cliente;
- l'impiegata prima di cominciare deve attendere che il computer si accenda;
- la compilazione del modulo non è facilitata per evitare errori;
- l'impiegata non è pronta dopo che il modulo è stato compilato;
- l'impiegata ricarica a sistema tutte le informazioni precedentemente inserite nel modulo;
- il sistema informativo non consente di recuperare i dati di una transazione già effettuata;
- l'impiegata deve correggere il codice IBAN che è stato inserito male;
- occorre aspettare che il sistema effettui la transazione;
- non viene riportato il valore del saldo sul modulo senza prima averne fatta richiesta.

Si tratta di una storia qualunque, e penso che a ciascuno di voi sia successo almeno una volta nella propria vita, in un ufficio pubblico o privato che l'attenzione al cliente e alle sue esigenze spesso siano passate in secondo piano.

Ecco allora che diventa indispensabile descrivere nel dettaglio il processo così da avere un'idea il più possibile completa del flusso e per far questo occorre effettuarne la mappatura.

In diverse esperienze e applicazioni del metodo mi è stato chiesto quale deve essere il livello di dettaglio da scegliere per la mappatura del flusso di valore. Non si tratta di un problema secondario né tantomeno sottovalutabile. Si tratta, infatti, di raggiungere il giusto compromesso tra una visione più strategica (basso livello di dettaglio ma con una sintesi degli obiettivi di processo) e una più tattica (alto livello di dettaglio ma con un'analisi sulle attività operative). Non bisogna, infatti, mai trascurare che, se non partiamo da una visione strategica del processo, non riusciamo nemmeno a capire perché si fanno determinate operazioni, così come ho ampiamente illustrato nel capitolo precedente.

Un metodo semplice ed efficace può essere quello dell'approccio che gli americani chiamano delle 5 W e 1 H; dal punto di vista strategico occorre chiedersi **cosa** (WHAT) viene fatto e **perché** (WHY) viene fatto, per poi scendere nel dettaglio della descrizione con i vari **chi** (WHO) lo fa, **quando** (WHEN) lo fa, **dove** (WHERE) lo fa e **come** (HOW) lo fa.

Occorre essere molto attenti in questa procedura per evitare di scendere troppo nel dettaglio e addentrarsi in tutta una serie di problematiche di carattere operativo rischiando di ottenere solo benefici e miglioramenti parziali piuttosto che cambiamenti strategici. Attenzione però, questo non significa che è sufficiente parlare con i responsabili per farsi raccontare e descrivere le attività, al contrario occorre coinvolgere chi le attività le svolge veramente perché proprio questi il più delle volte si pongono domande di senso (*perché devo farlo*?).

SEGRETO n. 11: nel descrivere nel dettaglio un'attività è bene coinvolgere tutte le figure implicate, sia quelle responsabili dell'attività e soprattutto quelle che operano perché possono fornire elementi importantissimi per il miglioramento.

L'elemento chiave di questa prima fase è il disegno della mappa del flusso di valore riferita alla situazione attuale. La *Value*

Stream Map (Mappa del Flusso del Valore) è uno strumento che aiuta a capire il flusso di materiali e informazioni mentre un prodotto/servizio attraversa il suo flusso del valore. Va realizzata nella forma più efficace possibile in termini di visibilità in modo che sia ben chiaro il processo.

Perché è opportuno usare la mappatura del flusso di valore

Innanzitutto per focalizzare la strategia ancor prima delle tattiche, perché come detto più volte la strategia deve venire prima. In secondo luogo per creare una rappresentazione che consenta di visualizzare il processo e favorirne la visione d'insieme. Ecco perché per realizzarla è fondamentale utilizzare strumenti semplici che abbiano indubbie qualità di visualizzazione. La mappa del flusso di valore inoltre, ci consente di mostrare i collegamenti tra il flusso di materiali e di informazioni e di rendere visibile a livello macro le interruzioni e gli ostacoli al flusso. Infine se opportunamente dimensionati gli indicatori di misurazione, la mappa ci aiuta a prendere decisioni basate sui numeri e su misurazioni oggettive.

Esistono diverse modalità per rappresentare i processi; ad

esempio quando si opera nell'ambito dei sistemi informativi oppure si devono schematizzare delle procedure del Sistema di Qualità Aziendale, si utilizza spesso il *diagramma di flusso* (o *schema a blocchi*), in cui si riportano le attività e i momenti decisionali. Nella figura seguente se ne riporta un esempio.

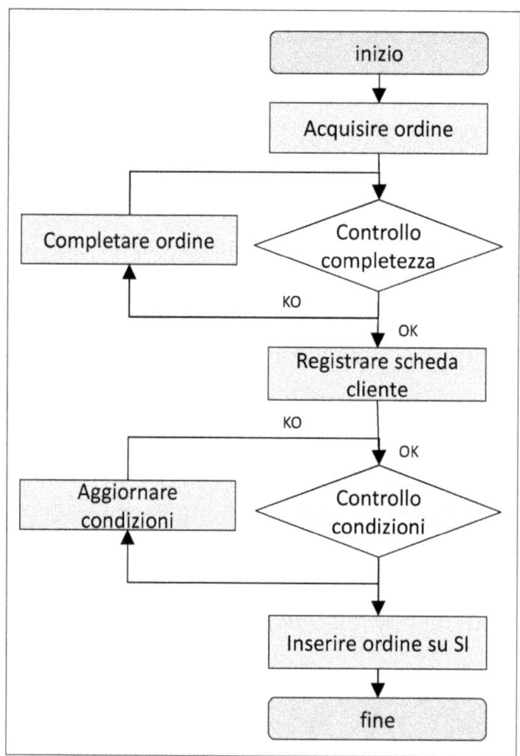

Le rappresentazioni classiche dei processi di questo tipo non riescono a evidenziare in modo così efficace i tempi, gli sprechi e la non qualità come la mappatura del flusso di valore.

In effetti, nell'analisi dei processi può essere utile servirsi di uno schema maggiormente dettagliato che è il diagramma di flusso inter-funzionale o come lo chiamano i giapponesi il "Makigami". Questo diagramma rispetto al precedente è in grado di fornire una visualizzazione del flusso più articolata, ed evidenzia già alcune forme di spreco come i passaggi, di andata e ritorno, da un ufficio all'altro.

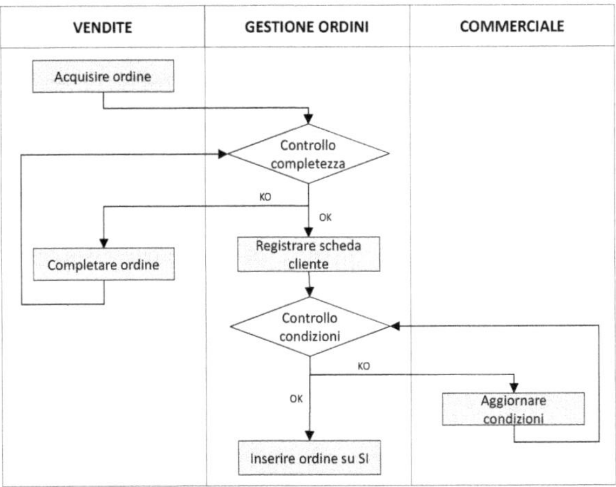

Questa ultima modalità di rappresentazione del processo è molto efficace e del tutto confrontabile con la rappresentazione classica della mappa del flusso di valore questo perché entrambi nell'analisi del lavoro di ufficio possono prestarsi bene alla rappresentazione.

Occorre poi aggiungere un altro aspetto di importanza fondamentale, strettamente connesso all'ottavo spreco specifico del *lean office* (persone sottoutilizzate). Nell'analizzare, infatti, un determinato processo è importante realizzare anche la mappatura della struttura organizzativa di supporto, ossia il quadro delle persone che intervengono nelle varie fasi del processo stesso e capire qual è esattamente il ruolo di ciascuna. Nel lavoro di ufficio, infatti, molto spesso capita che ad attività operative se ne aggiungano molte di carattere decisionale o di supervisione che sono proprio quelle che possono rallentare il flusso e farne perdere valore. Identificare quindi in maniera chiara tale aspetto può fornire un valido aiuto in fase di riprogettazione e miglioramento senza considerare che può darci anche un'idea di come eventualmente razionalizzare o ridimensionare l'organico a supporto del processo sottoposto ad analisi.

SEGRETO n. 12: nel *lean office*, nell'ambito della fase di analisi, è bene realizzare la mappatura del flusso di valore ma anche quella dell'organizzazione, al fine di rilevare ed evidenziare eventuali sprechi nell'utilizzo delle persone.

I simboli da utilizzare

Per descrivere invece la mappa del flusso di valore vanno utilizzati alcuni simboli messi a punto in ambito *operation* di cui quelli più idonei e applicabili nel *lean office* sono:

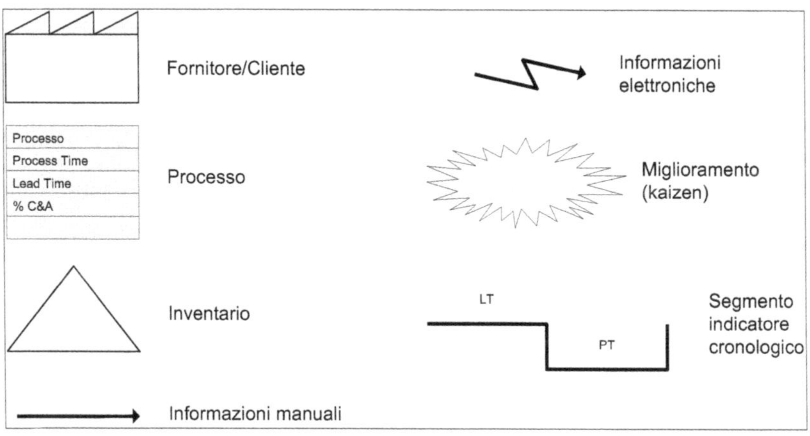

Le grandezze fondamentali da misurare

Prima di addentrarmi nella descrizione del metodo per la

costruzione della mappa del flusso di valore, volevo riportare in modo dettagliato quelle che sono le quattro variabili fondamentali per misurare bene il flusso e il processo: il tempo di processo (*process time*), il tempo di attraversamento (*lead time*), l'indice di attività (*activity ratio*) e la percentuale di completezza e accuratezza (% complete e accurate).

Il **Process Time** (PT) è il tempo richiesto per svolgere il lavoro se si è in grado di eseguirlo senza interruzioni. Poiché ci si riferisce ad attività di ufficio, è chiaro che esso include non solo tutti i compiti specifici da eseguire, ma anche i discorsi e i ragionamenti necessari per svolgere al meglio le attività.

Il **Lead Time** (LT) è invece il tempo che intercorre dall'istante in cui il lavoro viene ricevuto e può essere svolto fino a quando non è stato completato e reso disponibile alla persona o all'ufficio successivo nella catena del processo. Esso include il *Process Time* e tutte le attese.

L'**Activity Ratio** (% ACT) è la percentuale di tempo attivo necessario allo svolgimento effettivo del lavoro rispetto al tempo totale di attraversamento; è evidente che essa sarà pari al rapporto tra tempo di processo e tempo di attraversamento secondo la formula:

% ACT = PT / LT x 100

La **% C&A (Complete e Accurate)** è invece la percentuale di lavoro in ingresso che è utilizzabile «così com'è» dal cliente a valle per svolgere il proprio lavoro senza che questi debba ricorrere ad attività come:

- correggere le informazioni o i materiali forniti;
- aggiungere informazioni che dovrebbero essergli fornite;
- chiarire le informazioni che dovrebbero essergli state già fornite in modo chiaro.

Il modo migliore è quello di misurarla dal punto di vista del cliente immediatamente successivo a quello che lo precede e riportata come misura sul blocco di uscita.

Se addirittura poi si volesse misurare una sorta di indicatore complessivo di accuratezza e completezza del processo è possibile calcolare una quinta grandezza denominata **Rolled First**

Pass Yeld (RFPY), ossia la percentuale di valore che attraversa tutto il processo in maniera pulita, che si ottiene come prodotto di tutte le percentuali C&A di tutti i blocchi del processo. La percentuale di accuratezza e completezza del lavoro è forse, tra le variabili suggerite, quella più importante e che meglio rappresenta e differenzia l'approccio *lean office* rispetto a un intervento in ambito operation, anche perché è di carattere qualitativo oltre che quantitativo come le precedenti; oltre a ciò essa influenza fortemente sia il tempo di processo che quello di attraversamento. La maggior parte degli sprechi in ufficio, infatti, si concentra proprio nell'apportare continue modifiche e aggiunte a documenti o pratiche predisposti dal reparto all'origine, quindi con scarsi livelli di accuratezza; ciò costringe gli addetti dell'ufficio a correggere e completare (rilavorazioni) le informazioni spesso senza disporre di tutte le competenze necessarie e quindi per forza di cose facendo tornare indietro il documento stesso o sprecando tempo in incontri o telefonate.

SEGRETO n. 13: le metriche del processo in ambito *lean office* consentono fin da subito di avere una misurazione del flusso di valore e forniscono utili indicazioni per guidare nel

modo più opportuno il miglioramento.

Regole per la costruzione della mappa

Innanzitutto il consiglio è di utilizzare carta, pennarelli e post-it per costruire la mappa. I simboli visti in precedenza, ora sono stati messi a disposizione anche all'interno di strumenti informatici di supporto che agevolano la costruzione grafica, ma sarebbe preferibile utilizzarli solo successivamente, per gestire l'archiviazione della mappa in una forma più fruibile. Il gruppo di lavoro all'inizio dovrebbe invece operare con i semplici, ma posso assicurarvi efficaci, strumenti essenziali di cui sopra.

Tenete presente poi che utilizzare un bel foglio preferibilmente di formato A0 o anche più grande se necessario, oltre a fornire una visione grafica notevole è in grado di coinvolgere tutto il gruppo di lavoro nella predisposizione della mappa. Una volta completato, consiglio anche di appenderlo per procedere all'analisi e verificare, visivamente, tutte le eventuali inefficienze. Non dimenticate che la cultura giapponese fa del controllo visuale uno degli strumenti più efficaci per la gestione (*visual management*) proprio perché l'impatto è immediato.

Il **primo passo** per la costruzione è identificare la mappa del flusso di valore che si sta realizzando andando a definire il nome del flusso (es. gestione ordine cliente, predisposizione ordine di approvvigionamento ecc.). Occorre identificare il cliente e l'eventuale fornitore, se questo esiste e per il cliente ne va definita la domanda e quantificata la richiesta. Per far questo occorre dimensionare il volume di lavoro per periodo e può essere utile, anche in ambito *lean office*, calcolare il cosiddetto **takt time**. Questa grandezza è fondamentale negli approcci *lean production* e, di fatto, rappresenta il ritmo della produzione, ossia il tempo necessario a produrre un singolo componente o l'intero prodotto. Si calcola dal rapporto:

Takt Time = Tempo totale disponibile giorno / Richiesta cliente

Nell'ambito di ufficio un esempio potrebbe essere la registrazione delle bolle di acquisto per un addetto al magazzino; supponendo che si ricevano in media 50 bolle al giorno per un totale di circa 300 righe articolo, sapendo che il tempo disponibile è di 480' giornalieri si avrà un takt time di 1,6' per ciascuna riga della bolla. È chiaro che tale calcolo terrà conto del valore medio e quindi si dovranno identificare eventuali picchi di lavoro; inoltre è possibile che l'addetto all'ufficio svolga anche altre mansioni per cui sarà necessario valutare le diverse attività in cui è coinvolto.

Proprio queste sono le particolarità dell'approccio *lean* applicato agli uffici, ossia la capacità di individuare gli elementi di ciascuna attività, differenziare i diversi compiti e quantificarne i vari impatti sulla giornata lavorativa. Infine sul foglio è importante riportare la data e anche tutti i nomi dei membri partecipanti al gruppo di lavoro compreso quello del facilitatore che ne coordina le attività.

Il **secondo passo** prevede invece la definizione dei blocchi del processo. Ogni blocco deve contenere un'attività o un gruppo di attività raggruppabili. Se si vuole costruire il Makigami sulla sinistra del foglio o in alto occorre inserire le varie funzioni che intervengono nel processo oppure se si vuole utilizzare la mappa classica allora è sufficiente inserire al centro in alto il cliente; se c'è un fornitore, questo in alto a sinistra e il cliente in alto a destra in modo da evidenziare il flusso che di solito si muove da sinistra a destra. Le attività vanno identificate per convenzione con un verbo all'infinito e va inclusa la funzione che svolge l'attività e il numero degli operatori che esegue il compito. Vanno identificati e descritti tutti i tipi di ostacolo al flusso che possono rallentare il processo.

I **passi successivi** prevedono invece:

- identificazione, se necessario, di tutti i supporti e i sistemi IT usati nel processo e nella gestione del flusso delle informazioni;
- numerazione dei blocchi seguendo il flusso dal cliente al fornitore; se presenti evidenziare eventuali processi in parallelo, ossia quelle attività che possono essere svolte in contemporanea senza che ci siano vincoli di dipendenza temporale tra l'una e l'altra;
- aggiunta per ogni attività delle misurazioni relative alle metriche adottate: LT, PT, %C&A;
- individuazione del percorso critico in termini di tempo se presenti flussi in parallelo;
- creazione della linea del tempo e calcolo della somma dei tempi di processo e di quelli di attraversamento.

Volendo riportare ad esempio le informazioni del blocco considerato su un post-it, questo si presenterebbe come quello della figura seguente:

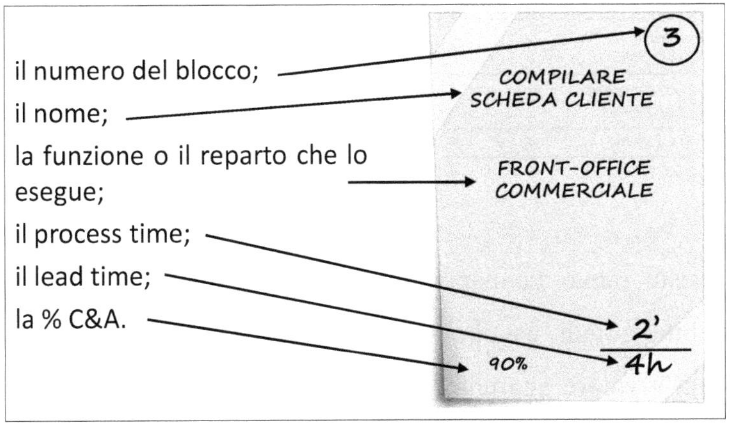

Andando quindi a utilizzare lo schema del MAKIGAMI per rappresentare tutto il processo, il risultato complessivo potrebbe essere quello riportato nella figura seguente:

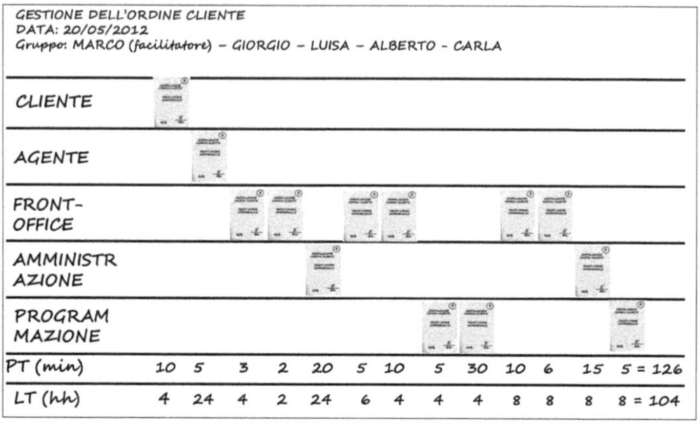

GESTIONE DELL'ORDINE CLIENTE
DATA: 20/05/2012
Gruppo: MARCO (facilitatore) – GIORGIO – LUISA – ALBERTO – CARLA

CLIENTE													
AGENTE													
FRONT-OFFICE													
AMMINISTRAZIONE													
PROGRAMMAZIONE													
PT (min)	10	5	3	2	20	5	10	5	30	10	6	15	5 = 126
LT (hh)	4	24	4	2	24	6	4	4	4	8	8	8	8 = 104

A questo punto la mappa risulta sufficientemente completa, è possibile quindi passare all'identificazione e definizione delle attività a valore aggiunto e di quelle non a valore aggiunto ma necessarie. Già in questa fase si possono evidenziare in maniera visiva i passi specifici nei quali le metriche indicano delle grandi opportunità di miglioramento (lunghi *lead time*, basse performance di qualità, alti tempi di operazione ecc.)

SEGRETO n. 14: nella costruzione della mappa del flusso di valore vanno seguite delle semplici regole che consentono di ottenere dei risultati molto efficaci per l'analisi degli sprechi e delle inefficienze.

Diagramma analisi delle operazioni

Per completare al meglio l'attività di analisi e avere ulteriori indicazioni per il miglioramento è possibile utilizzare un altro strumento di semplice applicazione di cui ci si serve quando si effettuano delle analisi sui tempi e i metodi in ambito produttivo. Può essere utilizzato per analizzare attività nello specifico, soprattutto quelle per cui si ritiene possano esserci dei miglioramenti nell'organizzazione del layout, degli spostamenti e del metodo di lavoro.

Il diagramma è piuttosto semplice, nella testata vengono riportate le informazioni relative alla descrizione dell'attività, dell'ufficio di svolgimento della stessa, data e firma di chi ha compilato e osservato l'attività. Nella parte centrale vengono invece riportate le singole attività nel dettaglio, indicandone se necessario sia i tempi di esecuzione (per compito, documento, transazione ecc.) ed eventualmente i metri percorsi durante un movimento o un trasporto. Per meglio visualizzare le attività si effettua una sorta di mappatura grafica, collegando tra loro dei simboli che rappresentano appunto gli elementi delle varie fasi di cui si compone l'attività. I 5 simboli sono i seguenti:

- operazione ○
- controllo □
- movimento/trasporto ⇨
- sosta D
- magazzino ▽

Uno schema del diagramma delle operazioni, ricavato da un esempio di attività svolte in un magazzino è il seguente:

DIAGRAMMA DELLE OPERAZIONI

Denominazione attività: *Preparazione spedizione*	Data:
Ufficio: *Magazzino*	Firma:

N°	Operazione	Controllo	Attesa	Trasporto	Magazzino	Distanza	Tempo	Descrizione attività	Note
	○	□	D	⇨	▽	m	min		
	●						0,50	stampare distinta per spedizioni	per almeno 5 bolle
				●		50	0,02	partire per missione picking con carrello e distinta	al metro di percorso
	●						0,50	prelevare prodotti in zone contigue	per riga
				●		50	0,02	ritornare posizione iniziale	al metro di percorso
	●						0,80	formare i colli	per collo
	●						0,10	disporre i colli su pallet	per collo
		●					0,50	controllare completezza bolla	per bolla
			●				3,00	richiedere predisposizione bolla	per bolla
	●						2,00	preparare etichette	per bolla
			●				1,00	attendere stampa etichette	per bolla
	●						0,08	applicare etichette su colli	per etichetta
	●						2,00	confezionare pallet	per pallet con almeno 50 colli
					●		1,00	depositare pallet in zona spedizione	per pallet con almeno 50 colli

Se lo si ritiene opportuno è bene anche inserire delle annotazioni relative alle singole fasi che meglio ne descrivono l'oggetto e al tempo stesso possono fornire utili indicazioni per la corretta comprensione del processo.

Anche con questo tipo di strumento è possibile identificare eventuali sprechi e attività a basso valore aggiunto; l'analisi deve mirare soprattutto all'eliminazione dei trasporti e delle soste e dove possibile alla riduzione delle operazioni e dei controlli.

Esercizio sulla costruzione della mappa del flusso di valore

Proviamo ora a costruire una mappa relativa a un esempio di processo. A questo punto sarebbe opportuno che ognuno provi a disegnarla secondo la rappresentazione a lui più consona e verificare poi con quella riportata di seguito. Occorre tener presente che la mappa può essere disegnata anche in modi diversi quindi non è detto necessariamente che il risultato sia del tutto simile a quello da me riportato, la cosa importante è che nessuna attività sia stata trascurata e che la mappa consenta di realizzare poi il lavoro di analisi e ottimizzazione.

L'esercizio è basato sull'attività di Giacomo, che è un commercialista e ha un piccolo studio in cui cura la contabilità per diversi clienti, principalmente lavoratori autonomi, esercizi commerciali e piccole imprese. Giacomo provvede alla predisposizione di tutta la documentazione per il calcolo delle imposte e vorrebbe acquisire un maggior numero di clienti per ottenere margini più elevati. Tuttavia, durante il periodo delle tasse, come a tutti i lavoratori autonomi, vengono richieste a Giacomo molte ore a causa di frequenti attese, ritardi ed errori. Se Giacomo riuscisse a migliorare la gestione del processo di calcolo delle tasse per i clienti lavoratori autonomi, sarebbe in grado di prendere più lavoro durante questo periodo dell'anno.

In generale, la sequenza del processo ha inizio verso la fine di gennaio, quando Giovanna, l'assistente di Giacomo, invia un promemoria ad ogni cliente per richiedere il prima possibile i documenti. Poi, qualche tempo prima del primo di aprile, il cliente deve portare, in tutte le forme possibili, le ricevute e i vari documenti. I clienti più precisi rimandano le proprie ricevute e i vari moduli relativi alle diverse fonti di reddito. Giacomo provvede quindi a ordinare le ricevute e i documenti, ma spende la maggior parte del tempo per risolvere errori o recuperare le mancanze. Il passo successivo è quello di predisporre i moduli per le dichiarazioni dei redditi per ciascun cliente all'interno del sistema informativo. Una volta che Giacomo inizia a compilare le dichiarazioni, ha spesso bisogno di confermare le detrazioni, classificare correttamente le voci di spesa e fornire tutte le indicazioni relative alle trattenute previdenziali o assicurative. Una volta che Giacomo ha completato le dichiarazioni, la sua assistente Giovanna le stampa, le controlla e raccoglie tutti i modelli. Per i lavoratori autonomi, Giovanna attende il giovedì per stampare tutte le dichiarazioni che si sono nel frattempo archiviate nel sistema informativo. Naturalmente Giacomo deve esaminare e firmare ogni ricevuta. Infine, Giovanna completa il processo, predisponendo e consegnando gli originali completi di tutti gli allegati ai vari clienti.

Si dispone inoltre dei seguenti dati rilevati per circa 40 clienti con un periodo per le tasse di 8 settimane:

- l'invio del promemoria richiede 10 minuti e ha una %C&A del 100%
- Giacomo impiega circa 30 minuti per riordinare ciascun

documento e 5 giorni in totale con una %C&A del 10%;

- l'inserimento dei dati nel sistema informativo richiede un'ora di lavoro a cliente e 20 giorni in totale con una %C&A del 95%;
- per la conferma delle detrazioni servono 10 minuti per cliente e 5 giorni in totale con una %C&A del 50%;
- la stampa e la raccolta dei documenti richiedono 15 minuti a cliente e 3 giorni lavorativi complessivi con una %C&A del 98%;
- l'esame finale e la firma richiedono 15 minuti a dichiarazione e 3 giorni totali di lavoro con una %C&A del 100%;
- la consegna delle dichiarazioni ai clienti è di 10 minuti e richiede un giorno di lavoro per tutti con una %C&A del 100%.

Dai dati suddetti emerge che il PT complessivo è di 140 minuti, il Lead Time di 298 ore e 20 minuti (circa 37 gg.) e quindi la percentuale di attività sul totale del tempo è molto bassa (%ACT = 0,78%) senza parlare dell'affidabilità complessiva del processo che è del 4,7% (si ottiene come detto moltiplicando tutte le %C&A).

A questo punto si dispone di tutte le informazioni per costruire la nostra mappa del flusso di valore. In primo luogo riportiamo tutte le attività complete di dati, differenziando con i post-it, le operazioni dalle comunicazioni da e verso il cliente. Per una visualizzazione più efficace si possono utilizzare post-it di colore diverso come quelli indicati in figura.

Inviare Promemoria	Riordinare documenti	Inserire dati nel SI	Confermare detrazioni	Stampare e raccogliere	Esaminare e firmare	Consegnare dichiarazioni
Giovanna	Giacomo	Giacomo	Giacomo	Giovanna	Giacomo	Giovanna
PT = 10′	PT = 30′ LT = 40h	PT = 60′ LT = 160h	PT = 10′ LT = 40h	PT = 15′ LT = 24h	PT = 15′ LT = 24h	PT = 10′ LT = 8h
%C&A 100%	%C&A 10%	%C&A 95%	%C&A 50%	%C&A 98%	%C&A 100%	%C&A 100%

Ricevere promemoria	Inviare documenti	Notificare errori e mancanze	Inviare documenti mancanti	Chiarire detrazioni	Ricevere dichiarazioni
Cliente	Cliente	Giacomo	Cliente	Cliente	Cliente

Utilizzando i simboli classici, la mappa del flusso di valore nella sua consueta forma potrebbe essere la seguente:

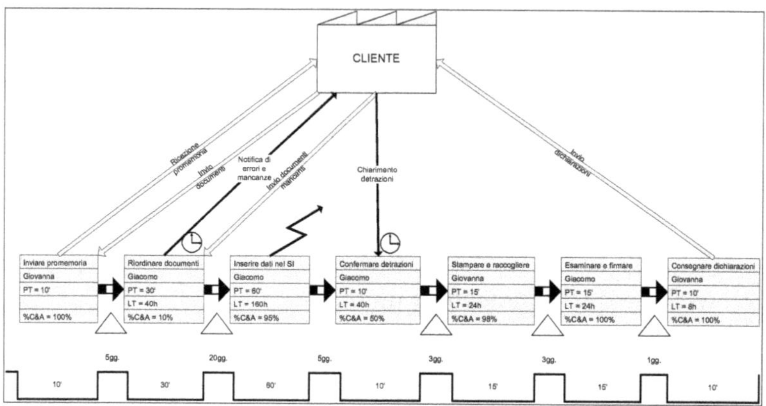

Accanto alle singole attività del processo e all'esatta mappatura dei diversi flussi (informativi, cartacei ecc.) sono state riportate anche le attese (con il simbolo dell'orologio) e gli inevitabili accumuli di documenti tra le attività successive. Se invece si sceglie di utilizzare il diagramma di flusso inter-funzionale (MAKIGAMI) andando a riprendere le attività scritte nei vari post-it, lo schema risultante sarà quello riportato nella figura seguente:

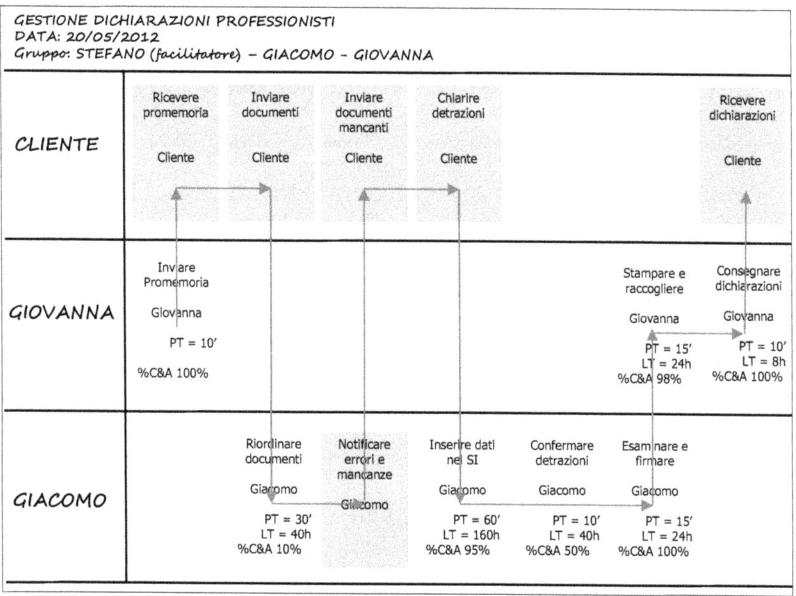

In entrambi i casi si può avere una rappresentazione più che esaustiva del processo. Nel capitolo successivo tale schema verrà analizzato a fondo per giungere al disegno dello stato futuro.

RIEPILOGO DEL CAPITOLO 3:

- SEGRETO n. 11: Nel descrivere nel dettaglio un'attività è bene coinvolgere tutte le figure implicate, sia quelle responsabili dell'attività e soprattutto quelle che operano perché possono fornire elementi importantissimi per il miglioramento.
- SEGRETO n. 12: Nel *lean office*, nell'ambito della fase di analisi, è bene realizzare la mappatura del flusso di valore ma anche quella dell'organizzazione, al fine di rilevare ed evidenziare eventuali sprechi nell'utilizzo delle persone.
- SEGRETO n. 13: Le metriche del processo in ambito *lean office* consentono fin da subito di avere una misurazione del flusso di valore e forniscono utili indicazioni per guidare nel modo più opportuno il miglioramento.
- SEGRETO n. 14: Nella costruzione della mappa del flusso di valore vanno seguite delle semplici regole che consentono di ottenere dei risultati molto efficaci per l'analisi degli sprechi e delle inefficienze.

CAPITOLO 4:
Come progettare lo stato futuro

Questa fase è strettamente connessa alla precedente in quanto, se il disegno della mappa del flusso di valore relativa allo stato attuale, è stato disegnato in modo efficace, con l'evidenziazione degli sprechi, delle attività a valore aggiunto e senza valore aggiunto e di tutte le possibili interruzioni e ritardi, il lavoro di riprogettazione diventa decisamente più facile. Si tratta, infatti, di ripartire da quanto è stato appunto rilevato e di capire come possa essere migliorato.

Il disegno della mappa dello stato futuro offre l'opportunità ai manager di riprogettare l'azienda nell'ottica di raggiungere gli obiettivi di costo, servizio e qualità che il cliente richiede. Il problema che può presentarsi a questo punto è di dover decidere dove e come cominciare. Ecco perché può essere molto utile riprendere quelli che erano gli obiettivi che ci si era proposti di raggiungere nella pianificazione del progetto, e che dovevano derivare da una visione il più possibile strategica del flusso di valore.

SEGRETO n. 15: l'efficacia di una buona fase del disegno della mappa dello stato futuro del flusso di valore dipende in maniera notevole da quanto si è stati completi e accurati nel disegno di quella dello stato attuale.

È giusto allora porsi domande di fondo, del tipo:

- Di cosa hanno realmente bisogno i clienti (interni ed esterni)?
- Quanto spesso deve essere controllata la prestazione?
- Quali fasi creano valore e quali generano sprechi?
- Come dovrebbe muoversi il flusso per avere meno interruzioni?
- Come controllare il lavoro da fare tra le varie interruzioni del flusso?
- Come si bilanciano i carichi di lavoro e le attività?
- Quali miglioramenti di processo saranno necessari per lo stato futuro?

Queste domande sono chiaramente collegate in maniera molto

stretta alla definizione degli obiettivi aziendali che ci si era proposti di raggiungere nella fase iniziale, per cui ora occorre andare a riprendere la mappa dello stato attuale e procedere a una fase di analisi specifica.

Per scendere ulteriormente nel dettaglio è necessario osservare con attenzione la mappa del flusso di valore appena costruita e chiedersi:

- Che cosa è possibile notare?
- In quali punti il flusso si interrompe, è perché?
- Dove si formano accumuli di informazioni o di materiali e quali sono le possibili cause?
- Ci sono punti evidenti in cui il flusso viene spinto prima che il passo successivo sia pronto?
- Esiste carenza di standardizzazione delle procedure di lavoro o attività simili svolte in modi diversi?
- I sistemi di supporto alla gestione delle varie informazioni sono adeguatamente integrati?
- Le priorità delle varie attività sono strutturate in maniera sensata e coerente?

A molte di queste domande sarà possibile rispondere solo dopo un'attenta osservazione della mappa del flusso di valore appena costruita.

Costruzione della mappa del flusso di valore dello stato futuro

Anche in questo caso il lavoro può essere condotto mediante la realizzazione di alcuni passi fondamentali.

Il **primo passo** è evidenziare tutti gli sprechi perché l'obiettivo previsto è l'eliminazione di qualsiasi tipo di ostacolo al flusso: lotti, rilavorazioni, ritardi, colli di bottiglia e WIP, attrezzaggi/cambi di lavoro, layout dell'ufficio, movimenti e trasporti inutili o non efficienti.

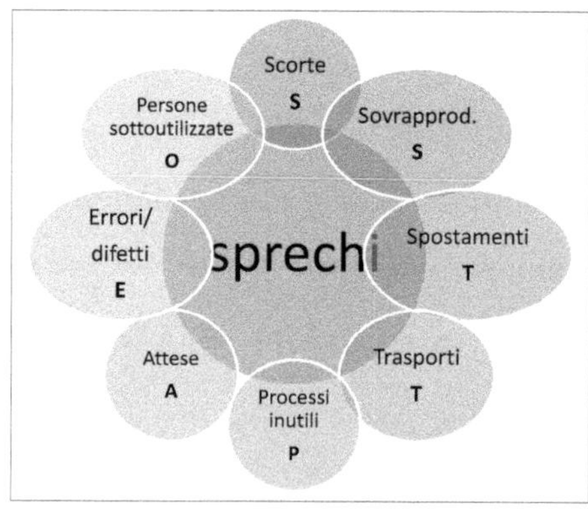

Il **secondo passo** può essere quello di riprendere il takt-time calcolato nella fase di descrizione e adattarlo alle nuove esigenze desiderate che rispettino gli obiettivi prefissati; ciò consente di rispondere alle esigenze del cliente e a quanto da lui effettivamente richiesto in termini di tempo.

A questo punto nel **terzo passo** si procede a evidenziare nella mappa tutti i possibili miglioramenti ottenibili dall'applicazione dell'approccio *lean*. In quest'ambito può essere molto utile riferirsi ai principi del *lean thinking* e ancora meglio a tutta una serie di aspetti che di norma conducono a un miglioramento sostanziale del processo:

- razionalizzare il lavoro combinando più attività e facendo in modo che ci sia maggiore sequenzialità delle attività senza creare accumuli di documenti o di informazioni;
- standardizzare il lavoro cercando di formalizzare procedure e metodologie univoche e razionali per svolgere attività simili;
- creare il lavoro di gruppo e favorire la crescita delle persone coinvolte utilizzando forme di addestramento trasversale (cross training) in modo che ci sia scambio di conoscenze e competenze;

- accrescere il livello di delega affidando compiti non solo operativi ai vari addetti;
- potenziare l'utilizzo dei sistemi di supporto sia informatici che cartacei ricercando sempre l'integrazione delle informazioni;
- migliorare la qualità delle informazioni e l'affidabilità e completezza delle stesse operando sui metodi irrazionali di gestione e sulle ridondanze delle operazioni;
- ridurre i controlli, i flussi di andata e ritorno, le firme di approvazione o benestare senza logica favorendo il flusso delle attività secondo logiche pull;
- favorire la gestione a vista delle attività e il cosiddetto controllo visuale in modo che inefficienze o ritardi siano immediatamente visibili e quindi recuperabili fin da subito;
- razionalizzare il layout degli uffici e la disposizione delle attrezzature per favorire la riduzione dei movimenti e degli spostamenti;
- ricercare il livellamento dei carichi di lavoro bilanciando le operazioni affidate a ciascuno in modo compatibile con i tempi di esecuzione e la disponibilità di tempo.

Si giunge quindi al **quarto passo** che è anche l'ultimo da espletare e che consiste appunto nella rappresentazione grafica dello stato futuro. Su di un foglio nuovo si può quindi procedere al disegno della nuova mappa del flusso di valore del processo, che va completata allo stesso modo di come era stata realizzata quella dello stato attuale, utilizzando la stessa simbologia e indicando, laddove siano stati preventivati, anche i nuovi tempi di processo (PT) e i relativi tempi di attraversamento (LT); è possibile fornire anche una stima dei nuovi valori delle percentuali di accuratezza e completezza e chiaramente indicare le persone responsabili delle varie operazioni.

È chiaro che tutta questa serie di attività, soprattutto nell'ambito dell'ufficio, vada implementata e studiata con il massimo coinvolgimento delle persone addette alle varie operazioni, per far sì che il nuovo metodo sia accettato e condiviso piuttosto che imposto. È, infatti, indispensabile che tutte le persone percepiscano quelli che saranno i reali miglioramenti facendo transitare il processo dallo stato attuale a quello futuro.

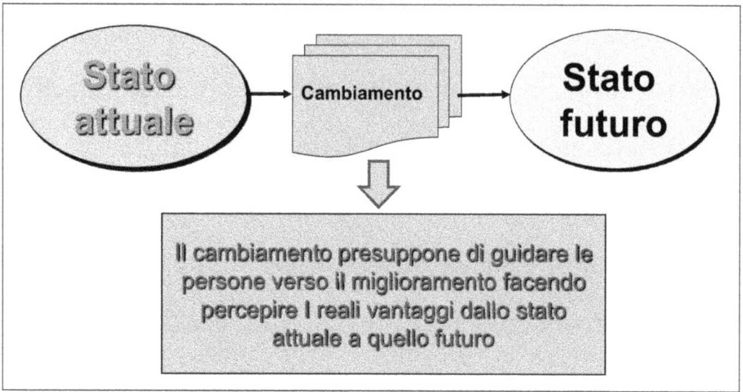

SEGRETO n. 16: lo stato futuro è da una parte un punto di arrivo, perché ci permette di raggiungere gli obiettivi prefissati e dall'altra un punto di partenza da cui muoversi per attivare il miglioramento continuo che caratterizza l'approccio del pensiero snello.

Esempio di analisi della mappa del flusso di valore

Per rendere concreta questa fase vorrei ripartire dall'esempio condotto nel capitolo precedente. In primo luogo, come detto, è necessario identificare tutte le forme di spreco che si riescono a indentificare; riprendendo la mappa dello stato attuale, ad esempio, nel caso considerato il risultato potrebbe essere quello di seguito riportato.

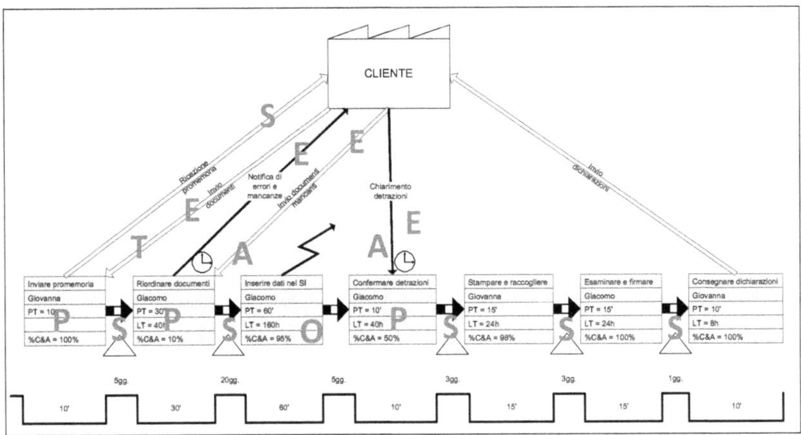

Proviamo a dare una spiegazione di ogni singolo spreco evidenziato.

Sovrapproduzione e scorte (**S**)
La sovrapproduzione si presenta ad esempio nell'invio del promemoria giacché è un report assolutamente inutile e spesso inviato molto in anticipo rispetto alle reali necessità. Come scorte ci sono poi accumuli di documenti che si evidenziano soprattutto tra il ricevimento e l'ordinamento degli stessi, e prima che siano inseriti nel sistema. Altri accumuli si formano prima di stampare le dichiarazioni in bozza, esaminarle e attendere la firma prima dell'invio al cliente.

Errori (**E**)

Di errori ce ne sono diversi ma i più importanti sono quelli legati ai documenti ricevuti spesso incompleti e a quelli mancanti per il completamento delle informazioni sulle detrazioni. Questo provoca come visto molti controlli e rielaborazioni.

Attese (**A**)

Le attese sono strettamente collegate a come il processo stesso è organizzato e soprattutto alla comunicazione con il cliente; le più importanti si manifestano, infatti, quando occorre attendere i documenti mancanti dal cliente e la chiarificazione in merito alla completezza e correttezza delle detrazioni.

Processi inutili (**P**)

Riguardo ai processi, quelli che si possono considerare inutili o sicuramente migliorabili, sono l'invio del promemoria, l'ordinamento di tutti i documenti ricevuti e anche la conferma delle detrazioni. In particolare si evidenzia il fatto che le informazioni possono essere inserite nel sistema solo dopo attenta verifica perché fortemente carenti e incomplete. Si tratta quindi di attività a bassissimo valore aggiunto o addirittura inesistente, che vanno razionalizzate o assolutamente eliminate.

Trasporti e spostamenti (**T**)

Nell'analisi del processo di fatto non si è entrati nel dettaglio operativo della descrizione delle singole operazioni per cui non si riesce a evidenziare particolari trasporti o spostamenti inutili; a livello generale c'è la movimentazione di andata e ritorno dei documenti inviati dal cliente che andrebbe sostituita da procedure e strumenti più adeguati.

Persone sottoutilizzate (**O**)

Da questo punto di vista possono esserci delle importanti considerazioni da fare. Di sicuro va detto che Giacomo, come titolare dello studio, non può essere impegnato in attività operative come quella della registrazione dei dati all'interno del sistema informativo, mentre al contrario l'impiegata Giovanna potrebbe fare sicuramente di più se adeguatamente formata e istruita su procedure e attività a più alto valore aggiunto.

La disamina di tutti questi aspetti offre quindi l'opportunità di identificare numerosi ambiti di miglioramento che possono essere implementati.

Ora è importante verificare il takt-time imposto dall'organizzazione del processo e dalle richieste del cliente. Il tempo per l'espletazione delle pratiche per le dichiarazioni, infatti, è di 40 giorni complessivi e quindi con 40 clienti occorre spendere al massimo 1 giorno per cliente. Questo è l'obiettivo iniziale ma è chiaro che se poi la volontà di Giacomo è aumentare il numero di clienti è evidente che gli eventuali miglioramenti introdotti dovranno condurre a un aumento delle prestazioni.

Va però ricordato e sempre tenuto presente cosa effettivamente il cliente vuole; di fatto questi richiede:

- dichiarazioni complete e accurate;
- completamento del lavoro prima della scadenza;
- ottenere il tutto al minor costo possibile.

Pertanto qualsiasi miglioramento di efficienza e di prestazione dovrà necessariamente tener conto di questi aspetti e bisognerà essere attenti a non aumentare la quantità dei clienti serviti a scapito magari della qualità del servizio offerto.

Andando invece a evidenziare possibili miglioramenti si può procedere, in riferimento alle criticità e agli sprechi rilevati, alla razionalizzazione del flusso, utilizzando i vari strumenti e principi compresi nel terzo passo della procedura per la costruzione della mappa del flusso di valore dello stato futuro. Proviamo quindi a evidenziarli nella mappa utilizzando il simbolo del kaizen e altri eventuali elementi che possano aiutarci a far capire dove e come operare per raggiungere i miglioramenti auspicati.

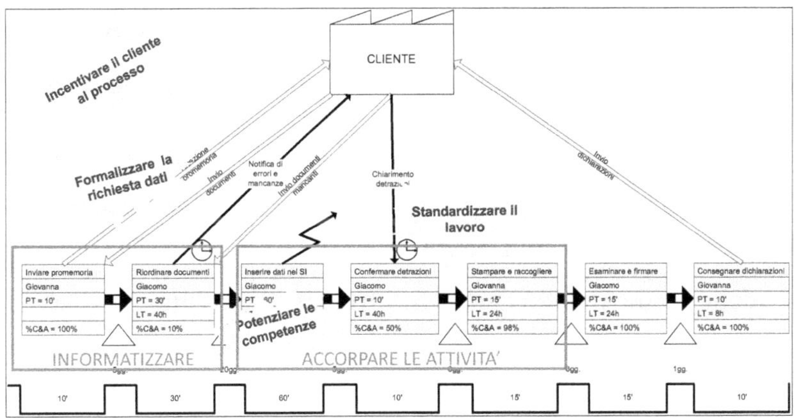

In particolare sono stati evidenziati alcuni miglioramenti e possibili razionalizzazioni in questo modo:

- incentivare il cliente a utilizzare procedure informatizzate e veloci magari a vantaggio di una riduzione dei costi;

- formalizzare la richiesta dei dati fornendo ad esempio al cliente una lista di controllo (check-list) in modo da guidarlo alla compilazione delle informazioni richieste e al tempo stesso consentirne l'inserimento automatico in un file facilmente elaborabile dal sistema informativo;
- informatizzare tutto il processo di ricevimento e gestione delle informazioni in modo che dal file ricevuto il completamento e la registrazione possano avvenire in modo più automatico;
- potenziare le competenze di Giovanna per fare in modo che possa essere lei stessa a completare il lavoro all'interno del sistema informativo senza che sia richiesto l'intervento di Giacomo;
- standardizzare il più possibile il lavoro inerente la conferma delle detrazioni andando a sfruttare al meglio la lista di controllo opportunamente predisposta, evitando di effettuare richieste al cliente che rallenterebbero inevitabilmente il flusso;
- accorpare le attività di inserimento dati, conferma delle detrazioni e stampa delle dichiarazioni, automatizzando il più possibile il processo in modo che a Giacomo arrivino solo

dichiarazioni complete da supervisionare, in maniera veloce, e poi firmare.

L'intervento in questi ambiti può consentire la completa eliminazione delle attività di ordinamento, registrazione dati operativa e di stampare e raccogliere i documenti, visto che questi caricati a sistema possono essere elaborati direttamente nel sistema informativo.

A questo punto si è pronti per disegnare la mappa del flusso di valore dello stato futuro, ossia espletare il quarto passo della procedura sopra descritta. Con le informazioni a disposizione e con tutti gli eventuali calcoli fatti è anche possibile fornire delle stime di tempi che dovranno essere gli obiettivi da raggiungere con la riprogettazione del processo così com'è stata condotta.

Nel caso preso in esame la mappa si concretizzerà in sole 4 operazioni che saranno quelle necessarie a realizzare tutto il processo utilizzando gli elementi introdotti nella fase di miglioramento.

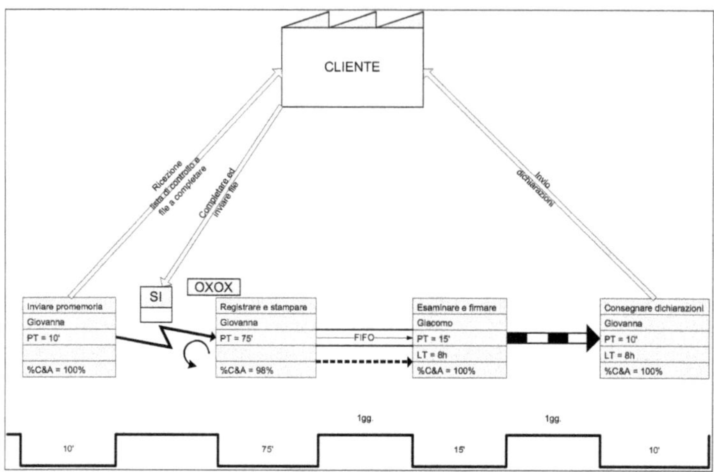

In sostanza l'invio del promemoria effettuato da Giovanna si concretizzerà in una lista di controllo e un file di corredo all'interno del quale andare a compilare tutti i dati richiesti chiaramente online così da facilitare al massimo l'attività a carico del cliente.

L'inserimento a questo punto avverrà direttamente all'interno del sistema informativo (SI) e questo consentirà di bilanciare (XOXO) il lavoro con la fase successiva che sarà invece la registrazione e il completamento dei dati nel sistema e la stampa delle dichiarazioni. Questa attività potrà essere svolta direttamente da Giovanna una volta formata ma chiaramente facilitata dal precedente inserimento dei dati da parte del cliente stesso, cui corrisponderà una percentuale di accuratezza e completezza decisamente superiore. Questa elaborazione probabilmente sarà più lunga di quella fatta in precedenza nello stato attuale ma perché di fatto accorpa più attività e soprattutto consente a Giacomo di muoversi in logica PULL e secondo un ordinamento del tipo FIFO per procedere all'esame e alla successiva firma di ogni dichiarazione.

Questa attività da parte di Giacomo non dovrà richiedere più di un giorno al fine di essere coerente con il takt-time imposto dal processo. Infine Giovanna, ricevute le dichiarazioni confermate e firmate, provvederà al loro invio telematico e cartaceo al cliente e si muoverà secondo una logica PUSH man mano che Giacomo, con un giorno di *lead time*, le trasferirà.

Lo stato futuro così rimodellato dovrebbe consentire un tempo totale di operazione di 100 minuti complessivi e un lead time di 2 giorni con una percentuale di affidabilità del 98%. È chiaro che si tratta di obiettivi molto ambiziosi, ma probabilmente non impossibili da raggiungere a patto che si proceda secondo quanto definito nel disegno di riprogettazione del processo. I benefici ottenibili dall'implementazione di questa ipotesi sono davvero rilevanti:

- la riduzione di quasi il 30% del tempo di processo (da 140 a 100 minuti) potrebbe consentire a Giacomo di aggiungere altri potenziali clienti (almeno 11);
- il miglioramento delle prestazioni di affidabilità (dal 4,7% al 98%) consente di ridurre in generale eventuali problemi di natura fiscale;
- la riduzione del *lead time* complessivo consentirà al cliente di avere tempi di risposta decisamente più rapidi dalla predisposizione della lista di controllo e del file allegato fino al ricevimento della sua dichiarazione;
- lo spostamento di attività da Giacomo a Giovanna, consente al primo di avere a disposizione più tempo rispetto a prima, così da poterlo occupare in attività a più alto valore aggiunto per lo studio e come detto permette alla seconda di accrescere il suo livello di competenze.

SEGRETO n. 17: la mappa del flusso di valore dello stato

futuro dovrebbe sempre condurre a miglioramenti oggettivamente misurabili mediante la chiara identificazione delle metriche individuate con il confronto tra stato attuale e stato futuro.

La mappa del flusso di valore dello stato futuro, una volta raggiunta e implementata diventerà quella dello stato attuale e da questa si dovrà ripartire per iniziare un nuovo ciclo volto all'ulteriore miglioramento delle prestazioni.

La mappatura del flusso di valore è la principale tecnica da adottare per la riprogettazione dei processi nell'ambito dell'ufficio, sia per l'efficacia della visualizzazione che per la semplicità nella realizzazione. A completamento e soprattutto a integrazione di questa è importante conoscere tutta una serie di strumenti che, direttamente ispirati ai principi del pensiero snello, possono contribuire in maniera decisiva alla riduzione degli sprechi e al miglioramento dei processi.

Il concetto delle 5S applicato agli uffici

Uno degli aspetti fondamentali del *lean thinking* è quello delle cosiddette 5S, molto utilizzato in ambito operation e che può condurre a dei miglioramenti piuttosto significativi. Si tratta di un approccio strutturato e di una metodologia di facile comprensione per la creazione e il sistematico mantenimento di un ambiente di lavoro:

- organizzato;
- pulito;
- sicuro;
- ad alte prestazioni.

Rappresenta una tecnica fondamentale per il miglioramento continuo.

SEIRI (separare) → conserva solo ciò che è necessario

Il principio su cui ci si basa è che occorre separare ciò che è utile da ciò che non lo è. Tutti gli oggetti che non vengono utilizzati sistematicamente possono essere in un primo momento posizionati in un'area definita e successivamente, se ancora non usati, eliminati per guadagnare spazio ed evitare eccesso di materiali. Questo principio è molto importante ad esempio nell'organizzazione dei file sul proprio computer o i documenti nei propri armadi; anche in questo caso archiviare, accantonare e quindi eliminare possono dimostrarsi azioni efficaci.

SEITON (riordinare) → un posto per ogni cosa e ogni cosa al suo posto

Per tutti quelli che sono gli strumenti di normale utilizzo occorre definire la posizione migliore in funzione di quanto vengono usati. In sostanza è meglio archiviare documenti o altro materiale che si utilizza poche volte in posizioni scomode lasciando quelle più accessibili a tutto ciò che viene utilizzato frequentemente. In questo modo tutto ciò che serve verrà trovato in pochissimo tempo a patto però che si siano posti dei limiti allo spazio dedicato all'immagazzinamento per evitare eccessi di scorte, ma questo è già previsto con la prima S.

SEISON (pulire) → per diventare lean occorre essere clean

Per avere ordine è necessario lavorare in un posto pulito, ciò consente anche di rilevare subito possibili problemi di organizzazione della propria area di lavoro. Occorre quindi pulire regolarmente sia gli strumenti di normale utilizzo che il posto di lavoro stesso e procedere in modo sistematico a questa attività evitando le pulizie fatte una volta l'anno.

SEIKETSU (standardizzare) → senza standard non ci può essere miglioramento

Si tratta di creare le giuste procedure e le metodologie più appropriate per seguire le regole stabilite. È vero che anche in ufficio serve la creatività di ciascuno ma è altrettanto vero che se si sono creati degli standard è più facile che questi vengano rispettati, soprattutto dai nuovi assunti che potranno contare su dei riferimenti certi. In questo contesto va utilizzato il più possibile il controllo visivo in modo che sia facile vedere cosa serve e cosa manca.

SHITSUKE (sostenere lo standard) → sostenere i risultati ottenuti con l'autodisciplina

È necessario che quanto definito e concordato sia mantenuto costantemente; ecco perché occorre favorire i momenti di comunicazione e di formazione e fare in modo che i più esperti affianchino i più giovani addestrandoli sul metodo e sulle procedure. Per monitorare sistematicamente questa attività è indispensabile organizzare degli audit riguardanti le 5 S.

I 5 perché

Più che di una tecnica, si tratta di un metodo di brainstorming di cui ci si può servire soprattutto nella fase di analisi dei problemi e che, nonostante la sua apparente semplicità, può suggerire delle efficaci risposte e identificare le reali cause degli sprechi. Deve essere utilizzato all'interno del gruppo di lavoro e consiste nel chiedersi almeno cinque volte **perché** in relazione a uno spreco che è stato individuato; l'obiettivo di fondo è quello di riuscire a non fermarsi di fronte al sintomo del problema ma ricercarne la vera causa, perché solo identificando questa si è in grado di giungere a una soluzione definitiva ed efficace arrivando così alla completa eliminazione dello spreco. Il metodo offre inoltre l'opportunità di condividere e partecipare in maniera attiva da parte dei membri del gruppo all'attività di analisi e soluzione dei problemi perché favorisce lo scambio di idee e di opinioni; ognuno esprimendo il proprio pensiero si sente infatti maggiormente coinvolto e in grado di mettere in campo le proprie conoscenze e competenze.

Organizzazione del layout

Ho avuto modo di spiegare in precedenza quanto sia importante l'impatto che hanno i movimenti e gli spostamenti delle persone, dei documenti e delle informazioni tra un ufficio e l'altro al fine di ottimizzare il flusso; è per questo motivo che in molti casi è necessario affrontare anche il problema di come migliorare il layout razionalizzando gli spazi e i flussi fisici e informativi.

Quando si affronta una problematica di layout produttivo in un'azienda, si parte dall'analisi dei cicli di lavorazione dei vari prodotti, dal disegno della disposizione degli impianti e delle macchine, dall'analisi dei flussi dei materiali e dei movimenti degli operatori. Allo stesso modo può essere condotto lo studio in un ufficio o in un'area aziendale; lo strumento da cui si può partire è proprio il diagramma di analisi delle operazioni visto nel precedente capitolo e dal disegno di quello che viene comunemente chiamato "spaghetti chart" ossia la

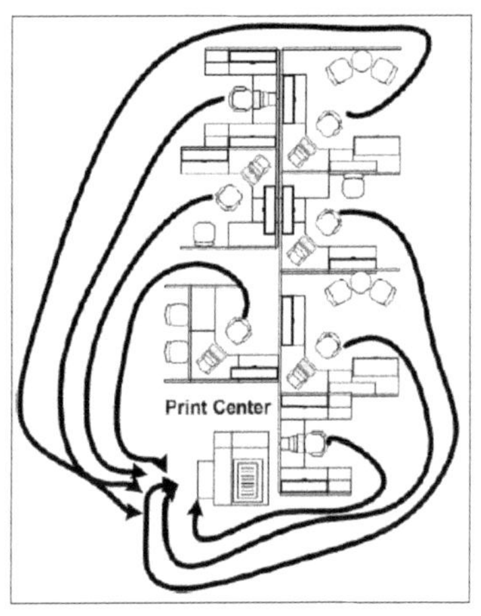

rappresentazione su carta dei vari movimenti e spostamenti degli addetti tra i vari uffici.

A volte il layout degli uffici deve essere ripensato, poiché spesso si ritrova un'organizzazione per funzioni che non risulta ottimale quando ci si focalizza sul flusso di valore. I processi infatti si muovono quasi sempre in una logica inter-funzionale e quindi è piuttosto probabile che un documento o una pratica o una stessa informazioni elettronica transiti da un ufficio all'altro. I team inter-funzionali organizzati in celle di lavoro possono aumentare notevolmente l'efficienza in quanto i membri del team comprendono il flusso di valore complessivo e non si focalizzano sulle singole attività. Per ridefinire il layout bisogna prima comprendere il flusso del lavoro. L'obiettivo è quello di rendere più facile alle persone lavorare assieme ed evitare spostamenti inutili; è chiaro che per realizzare ciò non è sufficiente solamente rivedere il layout dell'ufficio o la postazione dei singoli addetti ma rivedere il processo anche dal punto di vista organizzativo, perché eliminando o riducendo per quanto possibile, controlli e autorizzazioni, il flusso si muoverà in modo più lineare e sarà più probabile che non ci siano soste o accumuli di documenti sulle scrivanie.

Standardizzazione del lavoro

Il concetto di standardizzare è stato già introdotto parlando delle 5S. La standardizzazione del lavoro si rende necessaria in quanto, soprattutto negli uffici, le persone tendono a svolgere lo stesso tipo di lavoro con un metodo proprio, con il rischio da un lato di operare in modo poco efficiente e dall'altro di compromettere l'efficacia, ossia la garanzia del risultato. Con l'avvento e l'implementazione della certificazione dei sistemi di qualità secondo le norme ISO 9000, sono state introdotte in azienda molte procedure ma purtroppo in molti casi i risultati sono stati al di sotto delle aspettative.

Il perché va ricercato nel fatto che la standardizzazione del lavoro presuppone che il processo e le attività che lo compongono debbano essere prima analizzate e riprogettate altrimenti si rischia di certificare l'esistente con tutte le sue incongruenze e criticità. Come visto in precedenza la costruzione della mappa del flusso di valore è un potente strumento in grado di fornire importantissime indicazioni per standardizzare il lavoro e ottimizzare i metodi; in questo modo si potranno rivedere e razionalizzare i vari moduli utilizzati, spesso ridondanti e poco efficaci, i flussi di operazione, la registrazione dei dati, la creazione di opportune liste di controllo che consentano l'eliminazione delle perdite di tempo e in generale degli sprechi.

La gestione a vista

La gestione a vista, o come viene comunemente chiamata in ambito *lean*, "visual management", si basa sulla capacità di avere piena visibilità del processo; ciò significa in sostanza che sia gli operatori che i responsabili possono immediatamente avere sotto controllo l'avanzamento delle operazioni semplicemente osservandolo mentre lavorano. È chiaro quindi che occorre rendere il più possibile tangibile la misura di quanto si sta producendo, ottenendolo direttamente sul processo. Grazie a questo sistema, eventuali interventi correttivi sulla programmazione dei lavori, possono essere immediatamente intrapresi perché da un rapido sguardo si rilevano ritardi o accumuli di produzione.

È chiaro che in ambito produttivo tale sistema può essere

applicato in modo molto efficiente poiché ciò che si produce è immediatamente tangibile; in ambito ufficio invece occorre stabilire cosa misurare e come rilevarlo. Molte attività di ufficio, infatti, sono mirate all'elaborazione di informazioni e pertanto eventuali stati di avanzamento vanno gestiti in forma elettronica o informatica (semafori, visti, colori che indicano il livello di completamento ecc.). Senza considerare poi che possono essere utilizzate delle lavagne di stato, moduli colorati o a caselle e quanto può risultare utile per una rapida ed efficace visualizzazione dello stato di avanzamento dei lavori. In un'azienda di abbigliamento ad esempio, all'interno dell'ufficio tecnico e modelleria, su una parete era stata predisposta una grande lavagna magnetica su cui erano stati fissati tutti i modelli da sviluppare per le varie linee proposte in collezione. I ragazzi della modelleria ne seguivano l'avanzamento andando a evidenziare in giallo quelli completati in modo da avere fin da subito, con un impatto visivo molto efficace, la situazione del lavoro svolto e quello ancora da fare.

Livellamento del lavoro

Così come in produzione il carico di lavoro anche negli uffici non è costante, anzi molto spesso determinarlo risulta piuttosto difficile a causa della bassa standardizzazione delle attività svolte.

L'approccio *lean* in generale può offrire delle linee guida per affrontare i cosiddetti picchi di lavoro soprattutto operando mediante un'attenta pianificazione delle risorse. Molte volte, infatti, il problema dei carichi di lavoro è associato a una completa assenza di programmazione dei lavori ai quali non si assegnano le priorità di esecuzione e, come detto, non se ne valuta l'impegno in termini di tempo e quindi di risorse.

La mappatura del flusso di valore riesce a evidenziare quelle che possono essere le attività critiche all'interno di un processo in quanto rappresentano dei colli di bottiglia se confrontate con il calcolo del takt-time che fornisce invece gli obiettivi di cadenza delle stesse. In presenza di queste attività è chiaro che il flusso non sarà continuo ma esisteranno persone che in determinate situazioni si troveranno ad attendere il lavoro dei propri colleghi a monte che, viceversa, non riusciranno a espletare il proprio in tempo utile. Proviamo a fare un esempio di livellamento del lavoro.

In un ufficio tecnico che opera su commessa vengono gestiti giornalmente circa 24 ordini che richiedono le seguenti attività:

- registrazione ordine (caricamento) = 10 minuti;
- predisposizione conferma ordine = 2 minuti;
- elaborazione del progetto = 40 minuti;
- predisposizione fattura = 5 minuti.

L'ufficio lavora per 8 ore al giorno per cui il calcolo del takt-time porta a un risultato di 480 minuti/24 = 20 minuti. I carichi di lavoro saranno quindi pari a:

- registrazione ordine (caricamento) = 240 minuti;
- predisposizione conferma ordine = 48 minuti;
- elaborazione del progetto = 960 minuti;
- predisposizione fattura = 120 minuti.

La situazione è rappresentata dalla seguente figura:

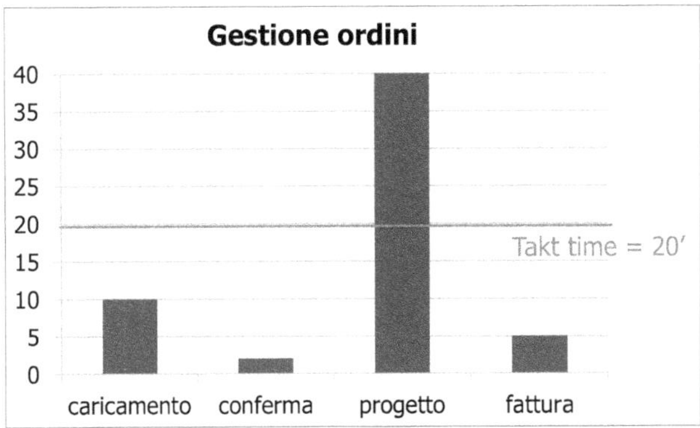

Per bilanciare i carichi e calcolare le risorse occorre accorpare le attività di registrazione, confermare ordine e predisposizione fattura in un'unica attività e dividere quelle di progetto assegnandogli 2 risorse dedicate. Il numero di risorse, infatti, è dato dal tempo del ciclo diviso per il takt-time, pertanto i dati risultanti saranno i seguenti:

- registrazione ordine → 10 minuti/20 minuti = 0,5;
- predisposizione conferma ordine → 2 minuti/20 minuti = 0,1;
- elaborazione del progetto → 40 minuti /20 minuti = 2;
- predisposizione fattura → 5 minuti/20 minuti = 0,25.

Per cui avremo (0,5+0,1+0,25) = 0,85 risorse per le attività accorpate e 2 risorse per l'attività di progetto. Il carico di lavoro risulterà a questo punto livellato secondo il diagramma di seguito riportato:

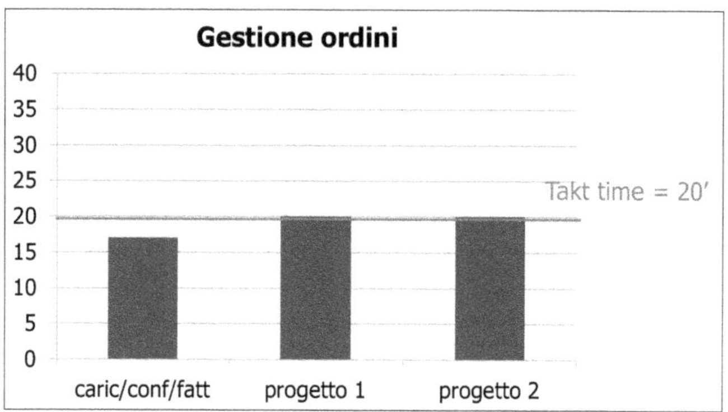

La misurazione del processo riprogettato

Come già riportato nei capitoli precedenti, al fine di verificare l'efficacia degli interventi condotti in ambito di miglioramento secondo le logiche *lean*, è assolutamente consigliabile introdurre delle metriche per misurare le prestazioni dei processi stessi. Accanto a tutte le misure individuate in precedenza, può essere utile allo scopo un indicatore di sintesi direttamente derivato dal mondo delle operation, denominato OEE (*Overall Equipment Effectiveness*); questo indicatore ha, infatti, il vantaggio di fornire una misura, come dice il termine, in maniera complessiva del processo, in quanto tiene conto non solo della produttività, che in ambito operation viene considerata il riferimento più importante, ma anche della disponibilità degli impianti e della qualità dei prodotti e delle operazioni.

Facendo le necessarie e indispensabili distinzioni, è possibile introdurre questo indicatore anche nel mondo degli uffici e dei servizi tenendo presente però che alcune informazioni sono di più difficile determinazione se non si interviene opportunamente nell'organizzazione stessa dell'azienda; l'indicatore sarà dato quindi dal prodotto dei 3 fattori suddetti, in modo del tutto analogo al mondo produttivo:

$$\text{OEE} = \text{disponibilità} \times \text{efficienza} \times \text{qualità}.$$

Ora si tratta di identificare come misurare queste variabili nell'ambito degli uffici; va ricordato che la misura viene espressa in valore percentuale per cui ogni singola variabile può essere misurata come rapporto di tempi piuttosto che di quantità.

La **disponibilità** per definizione è data dal rapporto tra il tempo effettivo di lavorazione e di quello totale disponibile. In ambito d'ufficio i tempi di lavorazione possono essere stimati secondo opportuni standard e driver (es. tempo caricamento ordine, elaborazione pratica, registrazione bolla ecc.) mentre per il tempo totale disponibile si può fare riferimento a quello in cui gli addetti possono operare al netto di eventuali fermate o soste non imputabili alla loro volontà (rottura computer, riunioni non programmate, ritardi dei clienti, documenti in input incompleti ecc.). Ad esempio se in un ufficio tecnico le persone addette al caricamento delle distinte base hanno lavorato per 7 ore e mezza in quanto per mezz'ora il server è rimasto bloccato, la disponibilità sarà del 94% circa (7,5/8 × 100).

L'**efficienza** invece è data dal rapporto tra il lavoro prodotto e il tempo impiegato per produrlo. Anche in questo caso al numeratore occorre considerare i tempi di operazione derivati dagli standard e che diano un'indicazione del reale tasso di produzione, mentre al denominatore ci si riferisce al tasso di produzione nominale. Se ad esempio nello stesso ufficio tecnico si stima che gli addetti preposti possano caricare in media 30 distinte base al giorno e in un giorno invece ne hanno caricate 24, il valore di efficienza sarà dell'80% (24/30 × 100).

Infine per ciò che concerne la **qualità,** essa è data dal rapporto tra le attività svolte in maniera conforme rispetto alle attività totali svolte. Nel caso dell'ufficio si può fare riferimento alla percentuale di accuratezza e completezza vista in precedenza, e quindi misurare tale indice in uscita al reparto o ufficio considerato. Ad esempio nello stesso ufficio tecnico, gli addetti alla predisposizione delle distinte base per la produzione, hanno elaborato 24 distinte base di cui 3 presentavano degli errori e delle mancanze e sono state rimandate indietro dall'ufficio programmazione per il completamento; l'indice di qualità sarà quindi pari all'87,5% (21/24 × 100).

Il valore dell'**OEE** nel caso suddetto sarà quindi pari al prodotto delle tre variabili calcolate e quindi: 94% × 80% × 87,5% → **66%**. Tale valore dovrà essere monitorato periodicamente per valutare il suo miglioramento o peggioramento nel tempo.

RIEPILOGO DEL CAPITOLO 4:

- SEGRETO n. 15: L'efficacia di una buona fase del disegno della mappa dello stato futuro del flusso di valore dipende in maniera notevole da quanto si è stati completi e accurati nel disegno di quella dello stato attuale.
- SEGRETO n. 16: Lo stato futuro è da una parte un punto di arrivo, perché ci permette di raggiungere gli obiettivi prefissati e dall'altra un punto di partenza da cui muoversi per attivare il miglioramento continuo che caratterizza l'approccio del pensiero snello.
- SEGRETO n. 17: La mappa del flusso di valore dello stato futuro dovrebbe sempre condurre a miglioramenti oggettivamente misurabili mediante la chiara identificazione delle metriche individuate con il confronto tra stato attuale e stato futuro.

CAPITOLO 5:
Come realizzare il progetto *lean office*

Siamo finalmente giunti al momento di partire: si tratta, infatti, di dare compimento al progetto *lean* così come era stato pianificato e disegnato. Anche se può sembrare strano, la maggior parte dei progetti si arena proprio in questa fase perché manca il coordinamento e l'organizzazione stessa del progetto. Non è, infatti, sufficiente aver definito **cosa** fare e **come** farlo, diventa indispensabile definire nel dettaglio le priorità, i tempi, le responsabilità e tutti i necessari passaggi per il controllo e la verifica dei risultati raggiunti.

Come già detto nel capitolo dedicato all'impostazione del progetto, il miglioramento del flusso di valore è prima di tutto una responsabilità della direzione e quindi del manager preposto al progetto stesso. Solo questi, infatti, è in grado di osservare il flusso in modo globale, sviluppare una visione di miglioramento, proporre lo schema futuro del flusso e condurlo alla sua attuazione. Si tratta di responsabilità e come tali non possono essere delegate al personale operativo che ha invece l'importante compito di lavorare concretamente nella ricerca ed eliminazione degli sprechi ma che non riesce a vedere il flusso secondo una prospettiva inter-funzionale.

Un altro aspetto che va considerato per il successo dei progetti e soprattutto per quelli che riguardano il pensiero snello, è che siccome il ruolo fondamentale è affidato alle persone è possibile che si commettano errori o che si presentino dei fallimenti; non importa, ciò che conta è che si sta operando per realizzare un miglioramento che ha una portata strategica per l'azienda per cui eventuali errori vanno considerati come degli elementi di riflessione ma non devono compromettere la volontà di provare, di fallire e di imparare.

SEGRETO n. 18: nell'implementare il progetto di miglioramento è possibile che si verifichino degli errori che però non vanno presi solo per il loro aspetto negativo ma al contrario come spunti per capire come cambiare e correggersi.

Al capo quindi spetta il difficile compito di mostrare la giusta determinazione e la capacità di non tirarsi indietro, anzi deve lavorare personalmente per superare gli ostacoli. Per far questo è chiaro che in lui deve esserci un forte convincimento in relazione al progetto di *lean office* intrapreso. Sarà importante quindi che il responsabile del progetto dedichi del tempo per imparare e apprendere la cultura *lean* al punto di diventarne a sua volta un insegnante; per favorire questa attività svilupperà delle sessioni di formazione non solo in aula quanto sul campo con tecniche di *learning by doing*, in modo da apparire ancora più convincente agli occhi dei suoi collaboratori e al tempo stesso sperimentare sul campo in prima persona le teorie e le tecniche apprese. Ciò implica ovviamente che a queste attività sia dedicato del tempo e che non si possa pensare di relegare al progetto di miglioramento solo una riunione settimanale ma intere giornate.

Il metodo che è stato illustrato sulla mappatura del flusso di valore ad esempio, in molta letteratura specialistica sul *lean office*, viene indicato con una durata complessiva di 3 giorni. Il ciclo va dalla mappatura del flusso di valore dello stato attuale fino alla definizione del piano di implementazione, passando per la definizione dello stato futuro, quindi si prevede di dedicare un giorno per ciascuna delle tre attività.

Un ultimo aspetto da tenere nella giusta considerazione è quello di procedere per piccoli passi andando a realizzare i miglioramenti proposti in alcune parti del processo che possono essere determinanti per il prosieguo dei lavori.

Creare il piano di implementazione

La mappa del flusso di valore del processo dello stato futuro mostra in modo molto chiaro qual è la direzione in cui occorre muoversi per raggiungere il miglioramento. Ora è necessario mettere a punto un piano temporalmente definito nel quale evidenziare:

- le attività da svolgere passo dopo passo;
- gli obiettivi da raggiungere;
- i punti di verifica e di monitoraggio.

La metodologia di approccio è sostanzialmente quella classica, derivata dal ciclo di Deming, il *plan*, *do*, *check* e *act*.

Per ciò che riguarda la fase di **PLAN**, il piano, come detto, presuppone che si definisca in primo luogo l'area del processo rivisto da cui iniziare perché è assolutamente sconsigliabile provare a realizzare tutto insieme con il rischio di non riuscire poi a raggiungere nessun risultato. Tale scelta può essere favorita da alcune situazioni specifiche:

- le aree del processo che sono meglio conosciute dagli addetti;
- le attività per le quali si presuppone si possa ottenere fin da subito il risultato;
- le situazioni che possono condurre le persone a convincersi meglio dei benefici ottenibili.

Per aiutarsi nella scelta delle priorità è stata messa a punto una matrice che in inglese viene denominata PACE *Prioritization Matrix*, una sorta di matrice delle priorità dove l'acronimo PACE sta per *Priority*, *Action*, *Challenge* ed *Eliminate*. In sostanza la matrice misura da una parte il livello di **difficoltà di realizzazione** di una certa azione e dall'altro il livello di **ritorno** della stessa; quando si parla di ritorno, in questo contesto ci si riferisce al significato più generico del termine, ossia ritorno economico, di immagine, di consenso ecc. La matrice viene quindi costruita inserendo in ciascuno dei quattro quadranti che verranno a crearsi, le varie attività su cui operare o ancora meglio le aree di intervento definite nel disegnare la mappa del flusso dello stato futuro e su queste si faranno le necessarie valutazioni.

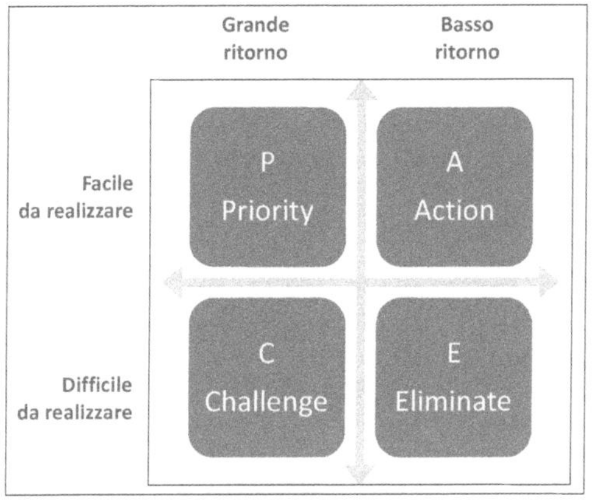

È evidente che le attività prioritarie (da cui il nome Priority) cadranno nel quadrante in alto a sinistra, ossia quelle facili da realizzare e che comportano un grande ritorno. Al contrario è chiaro che non vanno prese in considerazione quelle che si trovano nel quadrante in basso a destra perché non condurrebbero a nessun beneficio e, tra l'altro, sono anche difficili da realizzare (ecco perché chiamate *Eliminate*). Un discorso a parte, invece, meritano gli altri due quadranti.

Quello in alto a destra è rappresentato, infatti, dalle attività facili da fare e che comunque comportano dei bassi ritorni; vanno implementate il prima possibile (da qui il termine *Action*) e per vari motivi. In primo luogo possono servire a far comprendere che si possono ottenere dei benefici fin da subito e senza particolari sforzi o impegni, inoltre contribuiscono a "muovere" il gruppo di lavoro e spingerlo all'azione evitando di soffermarsi troppo su progetti e pianificazioni, per ultimo queste di solito non comportano particolari azioni di cambiamento da realizzare all'interno dell'organizzazione perché spesso si tratta di implementazioni a basso impatto.

Le attività che invece ricadono nel quadrante in basso a sinistra sono più complesse e difficili da realizzare ma condurrebbero a grandi benefici. Si tratta in sostanza di quelle attività di valenza più strategica, proprio perché per realizzarle è richiesto più tempo e quindi presuppongono una trasformazione più radicale dell'organizzazione, una sorta di sfida (da qui il termine *Challenge*).

SEGRETO n. 19: il piano di implementazione della mappa del flusso di valore dello stato futuro deve necessariamente iniziare con il dettaglio delle attività da svolgere e la loro priorità di realizzazione.

Definite quindi le attività e le aree su cui intervenire è ora necessario costruire il vero e proprio piano di implementazione della mappa dello stato futuro per chiudere la fase di PLAN. Tutti i progetti, come già illustrato nel secondo capitolo, prevedono la costruzione di questo piano. Con tale strumento si riesce a presentare il dettaglio delle attività da svolgere, assegnando per ciascuna dei tempi, dei responsabili e dei punti di verifica e controllo. Il piano si completa con la schedulazione di tali attività da riportare in un diagramma temporale del tutto simile a un Gantt.

Piano di implementazione dello Stato Futuro															
Processo			data inizio												
Value stream			approvazione												
				Pianificazione (settimane)											
fase	*attività*	*obiettivo*	*responsabile*	1	2	3	4	5	6	7	8	9	10	11	12

È possibile che, per una maggiore operatività, alcune attività possano essere ulteriormente dettagliate e assegnate per l'esecuzione a persone diverse; questo consente di organizzare al meglio il progetto ma l'importante è che il responsabile di quell'attività faccia da coordinatore di tutto l'intervento di realizzazione per evitare che si creino slittamenti o ritardi ingiustificati.

Dalla fase di PLAN si passa quindi a quelle contestuali di **DO** e di **CHECK**, le attività in pratica vanno svolte e sistematicamente controllate; il progetto di implementazione viene sviluppato su un piano temporale proprio per verificarne l'effettiva realizzazione nei tempi previsti. Il controllo chiaramente non va fatto solo sul rispetto dei tempi e sulle reali situazioni di avanzamento dei lavori, ma va anche verificato il raggiungimento degli obiettivi proposti. Ecco perché per ogni attività sono stati chiaramente identificati degli obiettivi misurabili, le metriche devono sempre fungere da riferimento e strumento di misura.

Il piano si chiude con la fase di **ACT**, ossia con l'estensione della nuova implementazione del processo a tutti gli attori coinvolti, con le necessarie fasi di training e le eventuali azioni correttive per definire la messa a punto del nuovo modo di operare. In questa fase è bene ricordare quanto sia importante rendere noti a tutti i risultati raggiunti, magari con l'organizzazione di un vero e proprio evento ("celebrazione dei risultati"); questo consente di valorizzare in modo unico le persone coinvolte offrendogli un riconoscimento concreto per il lavoro svolto e i risultati ottenuti.

Esempio di applicazione del piano

Riprendendo l'esempio affrontato nei capitoli precedenti, relativo allo studio del commercialista Giacomo, innanzitutto è necessario elencare le attività da svolgere per raggiungere lo stato futuro che sono:

- informare i clienti che sarà implementato un nuovo sistema per la raccolta dati relativi alle dichiarazioni e quindi incentivarne l'utilizzo;
- predisporre la lista di controllo da inviare ai clienti;
- progettare e realizzare una nuova implementazione del sistema informativo che preveda la creazione di un file da trasmettere al cliente e da ricevere direttamente nel sistema;
- accorpare le attività indicate nella mappa formando l'impiegata all'utilizzo del sistema informativo.

Per stabilire le priorità è evidente che si dovrà comprendere quali siano quelle di più facile realizzazione ma che possano portare subito dei benefici concreti. Sicuramente la predisposizione della lista di controllo non è un'attività complessa perché può essere costruita sulla base dell'esperienza accumulata relativa ai molti errori e alle imprecisioni trasferite dai clienti nel corso degli anni e su quella che è la conoscenza specifica del titolare dello studio, Giacomo, relativamente a questo tipo di problematiche. Realizzare questa lista inoltre consentirebbe fin da subito di aumentare la percentuale di accuratezza e completezza delle registrazioni che a questo punto potrebbero essere effettuate direttamente da Giovanna una volta addestrata e formata sul programma.

Ecco allora che la seconda attività da svolgere potrebbe essere proprio quella di accorpare le attività di caricamento dati e stampa delle dichiarazioni in bozza e di formazione all'impiegata. Anche questa è un'attività semplice da realizzare anche se richiede un po' più di tempo probabilmente, ma al contrario i benefici possono arrivare decisamente prima e sono sicuramente importanti. Per ciò che concerne invece l'attività di implementazione del nuovo sistema è chiaro che si tratti di un'attività che richiede tempi più lunghi di realizzazione anche se i benefici ottenibili sono davvero notevoli. Si può quindi partire subito con la fase di progettazione del nuovo sistema tenendo conto che per questa attività bisogna anche confrontarsi con i tempi e la disponibilità dei fornitori di SW.

L'ultima attività da realizzare è sicuramente quella relativa all'incentivazione dei clienti e almeno per due motivi: in primo luogo perché è inutile contattare i clienti reali e quelli potenziali per un'attività che non si è in grado di offrire fin da subito e poi perché questa non può certo essere realizzata fino a quando il sistema informativo non sia stato portato a termine, installato e collaudato.

Volendo schematizzare le attività secondo la matrice delle priorità si può dire:

- predisporre la lista di controllo (ACTION);
- accorpare le attività (PRIORITY);
- realizzare un nuovo SI (CHALLENGE);
- informare e incentivare clienti (CHALLENGE).

Sulla base di quanto sopra definito si procede alla predisposizione del piano di implementazione e alla sua successiva realizzazione.

Piano di implementazione dello Stato Futuro															
Processo: gestione servizi al cliente			data inizio												
Value stream: elaborazione dichiarazioni professionisti			approvazione												
				Pianificazione (settimane)											
fase	*attività*	*obiettivo*	*responsabile*	1	2	3	4	5	6	7	8	9	10	11	12
1	*redigere lista di controllo*	*%C&A = 100%*	Giacomo												
2	*formare impiegata su SI*	*PT = 75' - LT = 1gg.*	Giacomo												
3	*progettare nuovo SI*	*LT = 1gg. %C&A = 98%*	Giacomo												
4	*comunicare a clienti nuovo sistema*	*aumentare n° clienti (11 unità)*	Giacomo												
5															
6															
7															
8															
9															
10															

Il *lean* nelle varie aree aziendali

Il miglioramento secondo i principi del pensiero snello nell'ambito degli uffici, va applicato a tutta l'azienda, con la necessaria gradualità, ma tenendo conto che non si possono avere benefici, come più volte ricordato in questo testo, se si concentra l'attività solo in un processo aziendale.

Vale la pena in questo ambito quindi definire quali possono essere le molteplici applicazioni del *lean office* nei vari processi aziendali tenendo presente che in tutte le aree ci sono spazi di miglioramento. Per rendere più chiara la trattazione vorrei fare riferimento allo schema per processi introdotto a suo tempo da Porter nel testo fondamentale relativo alla catena del valore, *Il vantaggio competitivo* e utilizzato nel mio corso: *Rinnovamento aziendale*.

ATTIVITÀ DI SUPPORTO

ATTIVITÀ INFRASTRUTTURALI

GESTIONE DELLE RISORSE UMANE

SVILUPPO DELLA TECNOLOGIA

APPROVVIGIONAMENTO

LOGISTICA IN ENTRATA | PRODUZIONE | LOGISTICA IN USCITA | MARKETING E VENDITE | ASSISTENZA AL CLIENTE

VALORE AGGIUNTO - COSTI = MARGINE

ATTIVITÀ PRIMARIE

Questo schema risulta efficace anche in ambito *lean* proprio perché evidenzia in maniera diretta il flusso e al tempo stesso l'orientamento al cliente. Il primo presupposto di un'azienda snella (*lean enterprise*) infatti, è che deve essere orientata al cliente e al valore che a questo deve essere trasferito. Occorre dire inoltre che molto spesso le aziende, pur percependo questa esigenza, focalizzano i loro sforzi di miglioramento sui sintomi o sugli effetti dei problemi piuttosto che sulle cause e questo perché il problema molte volte si presenta proprio a valle del processo, anche se la causa vera è da ricercare a monte.

Provo a fare un esempio che ho vissuto in prima persona in

un'azienda metalmeccanica nel corso di un intervento di riprogettazione snella. Ci si lamentava, infatti, di eccessivi ritardi nel lancio e nella programmazione della produzione e il responsabile imputava questo ai lunghi tempi per la predisposizione e successiva messa a punto delle distinte base. L'addetto alla gestione dei dati tecnici, in effetti, riusciva a caricare le distinte sufficientemente in tempo ma poi spendeva moltissimo tempo per modifiche, aggiunte e aggiornamenti.

In un primo momento il problema era stato affrontato affiancando a questo addetto una seconda persona, ma non era stato del tutto risolto e inoltre si era provato anche a snellire le attività supportandolo con un sistema informativo di gestione dei dati tecnici molto più evoluto, che consentisse il caricamento delle modifiche in maniera più veloce. Può sembrare assurdo ma nessuno si era chiesto o aveva analizzato nello specifico il perché della presenza di tutte queste modifiche o aggiunte. Proprio su questo aspetto si concentrò allora il nostro lavoro, ossia si decise di partire dall'analisi e classificazione delle varie modifiche e aggiunte e si scoprì che molte di queste in realtà potevano essere ridotte o addirittura eliminate se l'ufficio tecnico avesse tenuto conto di alcuni aspetti di industrializzazione già nella fase di progettazione e prototipazione.

Si intervenne quindi in questa area lavorando in affiancamento ai tecnici progettisti e, anche se con molte difficoltà, si riuscì a raggiungere dei risultati importanti. Non nascondo che uno dei problemi per cui non era mai intervenuto in questa area prima di allora era anche legato al fatto che uno dei titolari aziendali era anche il responsabile dell'ufficio tecnico e che in modo piuttosto "politico" si era ben guardato dal rimettere in discussione quanto si svolgeva nel suo ufficio, riconducendo invece il problema nei processi a valle.

SEGRETO n. 20: l'applicazione del *lean office* va estesa a tutti i processi aziendali che in qualche modo impattano sul lavoro di ufficio con l'attenzione costante di guardare al flusso di valore nel suo complesso.

Riprendendo lo schema sopra visto proviamo quindi a delineare delle possibili linee guida di intervento per impostare un approccio *lean*. Per far questo ho preferito identificare una serie di domande (check-list) che ognuno può facilmente adattare alla propria realtà aziendale e da qui identificare le possibili azioni.

Sviluppo di nuovi prodotti

È un'area particolarmente critica su cui intervenire e questo almeno per due motivi:

- organizzare un'area particolarmente creativa significa per molti mortificare e in qualche modo porre limiti alla creatività stessa;
- sviluppare idee e progetti sono attività piuttosto intangibili e poco formalizzabili per cui si ritiene che non ci siano spazi per razionalizzare le attività.

In realtà questi due aspetti mi si sono presentati in molte aziende più spesso come alibi piuttosto che come reali problematiche. È chiaro che le attività sono più intangibili ma è altrettanto vero che c'è sempre qualcosa da migliorare anche in un ufficio di progettazione o tecnico che dir si voglia. In primo luogo occorre dire che guadagnare tempo nella fase di progettazione significa ridurre in modo significativo il "time to market" ossia il tempo di risposta al cliente sull'uscita dei nuovi prodotti.

Secondariamente è proprio in questa fase che vengono messe a punto tutte le informazioni sul prodotto (distinta base, cicli di lavorazione, istruzioni di fabbricazione ecc.) e quindi rendere più affidabili questi dati può significare ridurre in maniera sensibile errori, correzioni, aggiunte e modifiche successive. Proviamo allora a delineare alcune linee guida per la riprogettazione in ottica snella dell'ufficio ricerca e sviluppo nuovi prodotti:

- descrivere in modo dettagliato le attività di progetto individuando ruoli, responsabilità ed esecutori;
- predisporre dei piani temporali in cui evidenziare le principali scadenze al fine di assicurare il rispetto dei tempi;
- evidenziare tutte le eventuali attività che possono essere svolte in parallelo, ossia evitando di attendere inutilmente la fine di una fase se non imposto da vincoli tecnici o tecnologici;
- assicurarsi di ridurre ed eliminare qualsiasi tipo di spreco che possa compromettere il flusso di valore per le attività successive;
- rendere il più possibile standardizzate le attività che si ripetono per progetti simili o assimilabili come tali (famiglie tecnologiche o di prodotto) formalizzando i metodi e gli strumenti;

- far tesoro delle esperienze positive e negative vissute in progetti precedenti (*lesson learned*) così da evitare inutili perdite di tempo;
- creare dei gruppi di progettazione con competenze interdisciplinari in modo che ci sia scambio e condivisione di conoscenze;
- creare dei momenti di condivisione e dei momenti di verifica durante cui far partecipare anche addetti del commerciale e della produzione al fine di ottimizzare le successive fasi di vendita, industrializzazione e fabbricazione;
- facilitare la comunicazione tra i vari addetti sia all'interno dell'ufficio tecnico e progettazione che con le altre aree aziendali coinvolte successivamente.

Marketing e vendite

Anche questa è un'area particolarmente critica in ottica di riduzione degli sprechi e anche in questo caso perché molti commerciali e venditori ritengono che "la vendita sia un'attività creativa", che "ogni cliente è diverso", che "vendere è difficile e non è come produrre" e molte altre obiezioni ancora. Il problema rimane, nel senso che il processo di marketing e soprattutto quello di vendita sono visti come eventi disgiunti dal resto e tutto ciò chiaramente rende molto più difficoltoso il flusso di valore.

Non si vuole certo mettere in dubbio il ruolo del cliente in questo ambito, anzi, come più volte detto, l'approccio *lean* focalizza i suoi interventi proprio sul cliente e sulle sue reali esigenze; ma è proprio per questi motivi allora che serve la massima integrazione con l'area marketing e vendite, affinché il cliente possa percepire il massimo valore di ciò che gli viene fornito sia come prodotto che come servizio. Vediamo quindi, anche in questo caso, quali possono essere le indicazioni da seguire per ottenere un'organizzazione più snella:

- fare in modo che le informazioni in arrivo dal cliente siano raccolte in modo chiaro e completo e poi codificate affinché siano fruibili agli uffici successivi;
- organizzare le attività di marketing e vendite secondo una logica di processo, facilitando l'integrazione tra diverse competenze e il lavoro di gruppo;
- provare a ridurre la varietà dei prodotti senza compromettere l'offerta al cliente ma razionalizzando e configurando il catalogo;

- comprendere le logiche dell'andamento della domanda e in generale delle vendite per verificare se ci sono logiche legate al cliente o all'organizzazione in generale;
- ridurre il più possibile le attività non a valore aggiunto del processo di gestione degli ordini evitando qualsiasi ricaricamento di dati, completamento delle informazioni successivo ecc.;
- ridurre i tempi di processo dell'ordine dal ricevimento fino alla sua completa registrazione nel sistema informativo operando soprattutto sulla standardizzazione nella registrazione delle informazioni e su caricamenti elettronici;
- lavorare su date di consegna attendibili evitando di registrare sull'ordine consegne non realistiche.

Pianificazione degli approvvigionamenti e gestione dei materiali

L'attività della funzione acquisti in molte aziende spesso si compone di attività strategiche (ricerca fornitori e negoziazione prezzi), gestionali (pianificazione MRP e gestione scorte) e operative (gestione ordini a fornitore e sollecito). Purtroppo la sovrapposizione di tutte queste attività e una non sempre precisa attribuzione delle responsabilità, rende poco efficace il processo di gestione degli acquisti, degli approvvigionamenti e del magazzino, per cui si rischia di trascurare le attività strategiche a vantaggio di quelle operative. L'approccio *lean* in quest'area impone invece di focalizzare l'attenzione sugli acquisti e la gestione dei materiali in modo da:

- sviluppare relazioni di lungo termine e di partnership con i fornitori;
- scegliere fonti di fornitura basate sul costo totale di acquisto e non solo sul prezzo;
- adeguare i livelli di scorta alle variazioni della domanda e alle richieste dei clienti secondo una logica "pull".

Questi aspetti implicano quindi una riprogettazione della propria organizzazione e soprattutto una profonda revisione degli obiettivi di fondo della funzione stessa. Proviamo allora a elencare delle possibili linee guida di miglioramento per raggiungere un approccio di tipo snello:

- calcolare sempre il costo totale di acquisto di un bene o di un servizio (prezzo, trasporti, qualità ecc.) evitando di focalizzarsi solo sul prezzo più conveniente;
- implementare sistemi semplici ma affidabili per la misurazione

delle prestazioni dei fornitori (vendor rating) che offrano una valutazione complessiva dei requisiti richiesti (costi, qualità, tempi e servizio);

- adottare tecniche di gestione pull delle scorte di magazzino evitando di avere livelli troppo alti e non funzionali ai reali fabbisogni per la produzione e le vendite;
- utilizzare metodologie di controllo a vista per i livelli di magazzino e monitoraggio delle scorte;
- monitorare sistematicamente i livelli di scorta del magazzino verificando indici di rotazione e giorni di copertura e operando azioni di riduzione sulle obsolescenze;
- rendere affidabili le esistenze di magazzino e in generale le transazioni al fine di poter utilizzare al meglio il sistema informativo riducendo tempi ed errori.

Trascuro l'area delle operation più specifica in quanto lo scopo di questo testo non è quello di intervenire in ambito di *lean production* ma solo orientarsi alle attività indirette che hanno però una relazione con la produzione (acquisti, programmazione e logistica). Mi preme invece sottolineare, prima di concludere, che interventi analoghi a quelli visti possono essere intrapresi con successo anche nell'ambito dei processi di supporto (contabilità, amministrazione, sistema qualità, gestione risorse umane) sempre tenendo ben presenti i principi del pensiero snello.

RIEPILOGO DEL CAPITOLO 5:

- SEGRETO n. 18: Nell'implementare il progetto di miglioramento è possibile che si verifichino degli errori che però non vanno presi solo per il loro aspetto negativo ma al contrario come spunti per capire come cambiare e correggersi.
- SEGRETO n. 19: Il piano di implementazione della mappa del flusso di valore dello stato futuro deve necessariamente iniziare con il dettaglio delle attività da svolgere e la loro priorità di realizzazione.
- SEGRETO n. 20: L'applicazione del *lean office* va estesa a tutti i processi aziendali che in qualche modo impattano sul lavoro di ufficio con l'attenzione costante di guardare al flusso di valore nel suo complesso.

Conclusione

Mentre mi accingevo a concludere la stesura di questo corso, mia figlia, che ha 11 anni, iniziava una nuova avventura scolastica passando dalle elementari alle medie. Come per tutti i ragazzi della sua età si tratta comunque di un passaggio che implica delle situazioni nuove e chiaramente un coinvolgimento emotivo forte per lei che è particolarmente sensibile ai cambiamenti. Ha iniziato quindi a riordinare la sua stanza e organizzare la sua scrivania per questa sua nuova avventura diversa rispetto a quella delle scuole elementari; in effetti, si troverà ad avere più materie e quindi più testi, più quaderni e anche vario materiale (righe, album da disegno ecc.) che necessitano di maggiore spazio e di un maggiore ordine.

Così l'altro giorno mi ha chiamato per mostrarmi come si era organizzata e io con immenso stupore ho visto che aveva disposto, all'interno dello spazio della scrivania dedicato al materiale, tutti i libri e i quaderni divisi per materia identificando con delle etichette sulla scrivania stessa i vari contenuti; lo stesso aveva fatto per il materiale di cancelleria e tutto il resto. Tutto questo, mi ha detto, per mantenere in ordine le cose e per trovarle più in fretta. Insomma aveva adottato un sistema e si era data un metodo per ottimizzare gli spazi secondo le logiche del *lean office*.

Qualcuno potrebbe credere che questa storia non sia vera oppure che io l'abbia influenzata più del previsto; posso assicurarvi che è successo davvero. In realtà lo scopo per cui ho riportato questa storia è far capire che l'approccio snello presuppone in primo luogo l'applicazione di regole di buon senso cui affidarsi per costruirsi un metodo di razionalizzazione e organizzazione al meglio dei propri spazi.

L'invito che quindi rivolgo a tutti coloro che hanno voluto seguire questo mio corso e che sono pazientemente arrivati sino a qui è che il metodo più efficace per apprendere i principi del pensiero snello, dopo averne conosciuto la teoria essenziale e ben compreso le tecniche e gli strumenti proposti, è quello di applicarli, sperimentarli e provarli nella propria realtà professionale, affidandosi al buon senso e con tanta buona volontà.

In bocca al lupo e buon lavoro!

Stefano Berdini

Bibliografia essenziale

Attolico, *Innovazione Lean*, HOEPLI, 2012

Berdini, *Rinnovamento aziendale*, Bruno Editore, 2011

Bruni, Dal Pozzo, *Il sistema lean negli uffici*, Sistemi & Impresa n.2 – Febbraio 2009, Editrice ESTE

Chiarini, *Lean Organisation for Excellence*, Franco Angeli, 2010

Keyte e Locher, *The complete lean enterprise*, CRC Press, 2004

Locher, *Lean Office and Service Simplified*, CRC PRESS, 2011

Martin, *Lean Six Sigma for the office*, Taylor & Francis, 2008

Martin e Osterling, *The Kaizen Event Planner: Achieving Rapid Improvement in Office, Service, and Technical Environments*, CRC Press, 2007

Rother e Shook, *Learning to see: Value Stream Mapping to Add Value end Eliminate MUDA*, Lean Enterprise Institute, 1999

Womack, Jones, *La macchina che ha cambiato il mondo*, Rizzoli, 1990

Womack, Jones, *Lean Thinking: come creare valore e bandire gli sprechi*, Guerini e Associati, 1997

www.ingramcontent.com/pod-product-compliance
Ingram Content Group UK Ltd.
Pitfield, Milton Keynes, MK11 3LW, UK
UKHW022020190726
13853UKWH00005B/2020

9 788861 745834